赋能数字经济

大数据创新创业启示录

首席数据官联盟◎主编
刘冬冬、鲁四海 等◎著

人 民 邮 电 出 版 社
北 京

图书在版编目（CIP）数据

赋能数字经济 ：大数据创新创业启示录 / 首席数据官联盟主编 ；刘冬冬等著. -- 北京 ：人民邮电出版社，2017.8
ISBN 978-7-115-45948-0

Ⅰ. ①赋… Ⅱ. ①首… ②刘… Ⅲ. ①数据处理—高技术产业—经济发展—研究—中国 Ⅳ. ①F279.244.4

中国版本图书馆CIP数据核字(2017)第125803号

◆ 主　　编　首席数据官联盟
著　　　刘冬冬　鲁四海　等
责任编辑　恭竟平
责任印制　周昇亮

◆ 人民邮电出版社出版发行　　北京市丰台区成寿寺路 11 号
邮编　100164　　电子邮件　315@ptpress.com.cn
网址　http://www.ptpress.com.cn

◆ 开本：700×1000　1/16
印张：14　　　　　　2017 年 8 月第 1 版
字数：242 千字　　　2017 年 8 月北京第 1 次印刷

定价：49.80 元

读者服务热线：(010)81055296　印装质量热线：(010)81055316
反盗版热线：(010)81055315
广告经营许可证：京东工商广登字 20170147 号

序 言

转眼之间，首席数据官联盟已经两个年头。2015年，首席数据官联盟起立，而这一年，被很多大数据业内人士称作“大数据元年”。这一年，国务院发布《促进大数据发展行动纲要》，大数据产业顶层设计出炉，数据强国目标被首次提出。也在这一年，大多数普通人也终于开始与大数据产物接触，DT时代就这样开始了。数据交易呈现一片火热，而从事数据分析、数据挖掘的大数据+各行业的人亦开始探路。2016年，大数据分析在各个行业都开展得轰轰烈烈，仿佛成了求发展求变革的法宝，但是这一年真正完成的是市场教育。大数据分析之于一个组织的重要性世人已皆知，但是真正知道用什么技术什么方案实现数据驱动业务创新的用户还是非常少，开展大数据应用的政府部门和企业往往也只是建设了基础平台，把数据集中起来，真正的应用数据还处于探索之中。也有观点认为，2017年会成为真正的数据化元年，成为大数据应用的落地之年。数据应用落地，还缺少什么呢？

数据应用落地，需要优秀的技术和服务，但中国大数据产业处于高速发展时期，整个大数据服务行业良莠不齐，首席数据官联盟从2015年年底开始连续发布了多个版本的《中国大数据企业排行榜》和《中国大数据产业地图》，而且还在持续更新中，从技术、行业应用等多维度全面剖析整个大数据行业，给用户在选择恰当的技术与服务方面提供参考。

有了好的技术和服务，大数据应用就可以很好地落地了吗？不是的，还需要最佳实践的引导。从数据的产生到利用是一个非常复杂的过程，如何做好顶层设计、如何选择支撑技术、如何与业务融合重塑核心竞争力，在哪些行业有较为成功的应用案例，都是用户需要思考的问题。

为此，在2016年首席数据官联盟组织了影响中国大数据发展100人的大型专访活动，到政府、到互联网企业、到金融企业以及钢铁、教育、烟草等传统企业调研大数据在各行业业务中的应用，总结问题、发现好的应用实践，同时也到优秀的大数据企业调研大数据在用户画像、风险控制、多屏互动等多领域的应用，将每一次调查汇集成文，请行业专家反复修改，最终挑出50篇，分门别类编成此书。

本书共计6章。第1章从大数据在区域经济的作用、政府大数据应用创新、大数据对未来商业竞争影响等多角度阐述了大数据对经济的影响。大数据对于经济发展而言，已是“用则进，不用则退”。

第2章从钢铁、PC、泛娱乐、教育、金融、运营商、电商等多个行业的大数据应用案例出发，剖析大数据对于行业转型升级的重要作用，也为各行业描绘了利用大数据实现行业突破的实践路径。

第3章从大数据+物联网、大数据金融监管、数据银行等多角度，描绘了利用大数据实现跨领域创新的有效路线和成功案例，为大数据双创中面临的挑战提供解决方案。

第4章至第6章，为本书的核心部分，讲述了一个组织应用大数据的三个重要步骤——顶层设计、技术选型、业务融合重塑核心竞争力。第4章从大数据思维、大数据战略、大数据与业务结合方法、大数据落地核心要素等方面阐述了如何做好大数据的顶层设计。第5章从企业如何利用互联网大数据、如何构建数据化标签体系、如何实现数据驱营销、如何利用敏捷BI驱动业务创新、如何利用开源技术打造企业级大数据平台等多个具体的应用场景和成功案例剖析如何选择合适的大数据支撑技术，建设适合政府、企业自身业务发展的大数据体系。第6章，重塑核心竞争力，通过多个大数据与业务深度融合的案例剖析大数据驱动业务创新、提升企业核心竞争力的实现过程。

本书集合了几十位行业专家的智慧，通过思维、方法、技术、应用实践的整合，为读者呈现大数据应用落地的实践过程，为大数据在各行业的应用落地提供参考。

首席数据联盟

专家委员会

目录 CONTENTS

第 1 章　大数据之于经济：用则进，不用则退 /1

第 2 章　传统行业原力觉醒 /19

第 3 章 大数据激活双创活力 /73

第 4 章 大数据落地三部曲：顶层设计 /105

第 5 章 大数据落地三部曲：技术支撑 /131

第 6 章 大数据落地三部曲：重塑核心竞争力 /165

附录 大数据与数字经济 /211

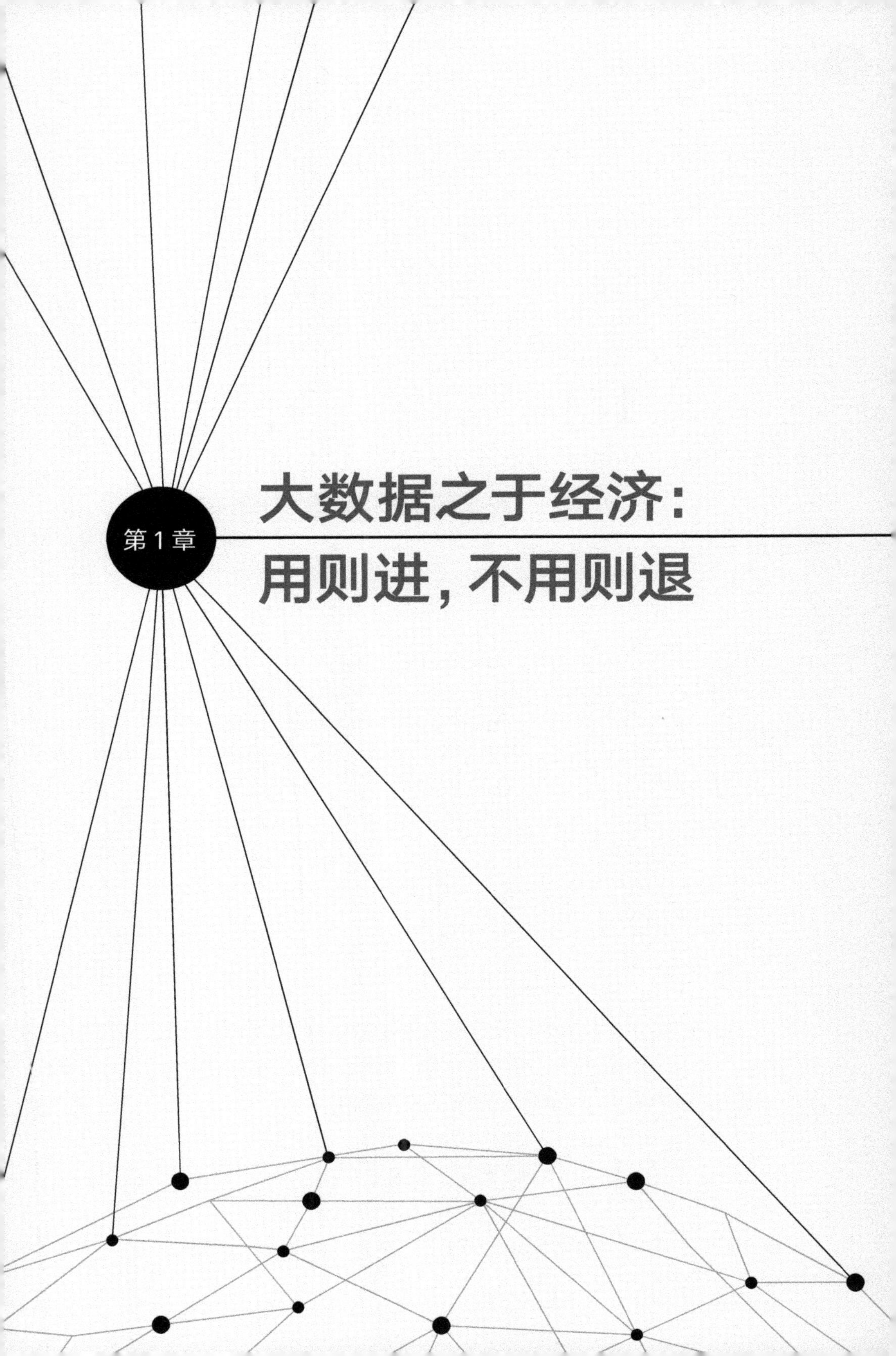

第 1 章

大数据之于经济：用则进，不用则退

1 6R 理论：未来商业战争的新武器

刘冬冬

首席数据官联盟发起人，2004 年毕业于泰国易三仓大学（Assumption University），获得 MBA（工商管理硕士）学位。曾先后服务于 SIAM Food、联想、百度、D&B、华为等世界知名企业，是资深的市场战略专家，也是大数据 + 产业发展的积极推动者。

市场营销已经走到大数据时代，原来的商战基础也必须与时俱进。利用大数据理念去做市场营销则会取得非常好的效果。所以未来的企业都将会转型为以数据为核心驱动力，大数据将成为未来商战最有效的武器。

未来商战需要 CDO

图 1-1、图 1-2 展示了数据是如何服务于企业，推进商业发展的。

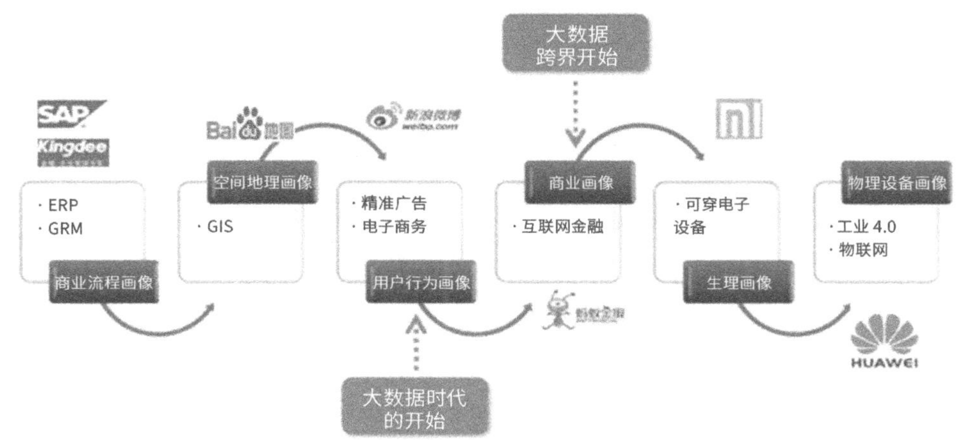

图 1-1　数据不断推动商业的进步

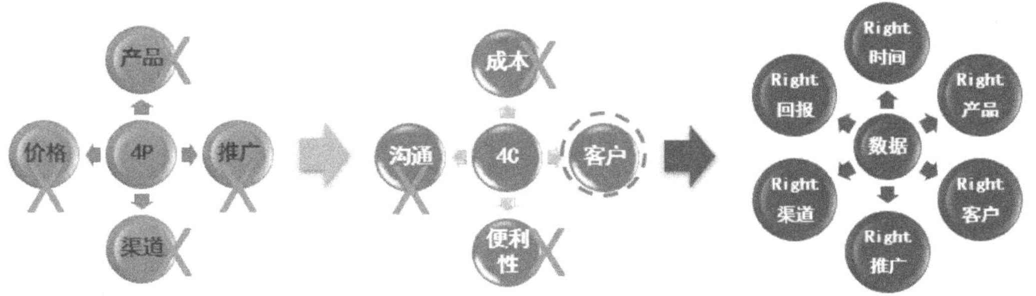

图 1-2 数据将成为企业的核心驱动力

传统的 4P(产品 Product、价格 Price、渠道 Place、促销 Promotion) 营销理论在 5 年前开始退出主流商战，4C(客户 Consumer、成本 Cost、便利 Convenience、沟通 Communication) 营销理论经过这几年的商战洗礼，其中的 3 个 C 也已经慢慢退出，只保留了以客户（Customer) 为中心这一个，即满足客户需求，创造客户需求，成就客户价值。进入 2014 年，中国的大数据市场迅猛发展，将剩余的这个 C 进行了质的提高，形成了新的营销方法，这就是 6R 理论，即 Right 时间、Right 产品、Right 方式、Right 渠道、Right 客户、Right 反馈，简单讲就是在准确的时间将准确的产品信息用客户喜欢的方式传递给客户，并且通过客户喜欢的交付渠道和交付形式将此产品送至客户手中，获取预期内的客户反馈。支持这套 6R 商战理论的基础就是大数据。现在各类商业数据越来越丰富，非结构化的数据的转换越来越智能化，IT 硬件不再是瓶颈（目前只有大规模分布式计算还有一定瓶颈)。在可预期的未来，数据的种类与数量都会呈几何级地增长。谁能更好地解读数据，谁就能把 6R 用得更好，就更有机会在大数据时代让自己的企业脱颖而出。

大数据时代，市场营销理论方法也升级到 6R。应用 6R 需要复合型人才，未来的商业战争也越来越需要复合型的人才，既要懂本行业知识，又要有大数据理念，对大数据技术有所了解，只有这样的人才能比较好地领导一个数据团队，帮助企业赢得未来的商战。首席数据官联盟很早就洞察到这方面需求，开始了 CDO 培养的探索，希望帮助企业找到最合适的 CDO。很多 CDO 是由原先企业的 CIO（首席信息官）转型而来，也有的是从 CMO（首席营销官）过渡而来，也有全新设立的。现在越来越多的大型企业都开始组建数据团队并设置 CDO 岗位。首席数据官联盟将尽自己最大的努力为 CDO 的发展提供支持。

大数据跨界应用的优势

在谈这个问题前，我们先来看看商业战争都有哪些变化。过去我们是单兵作战，那时候我们的生意很小，一个优秀员工可以做得很不错。后来由于生意越来越大发展成一个团队作战。将来仅靠一个团队，一个公司是无法很好地进行商业战争的，往往需要整合产业链的上下游资源进行以产业链为单位的跨界作战。同时未来的商业体也将会进行分割与独立，企业、市场品牌、资本等都将相互独立动作，并且相互配合，如图 1-3、图 1-4 所示。

图 1-3 商业战争在不断进步

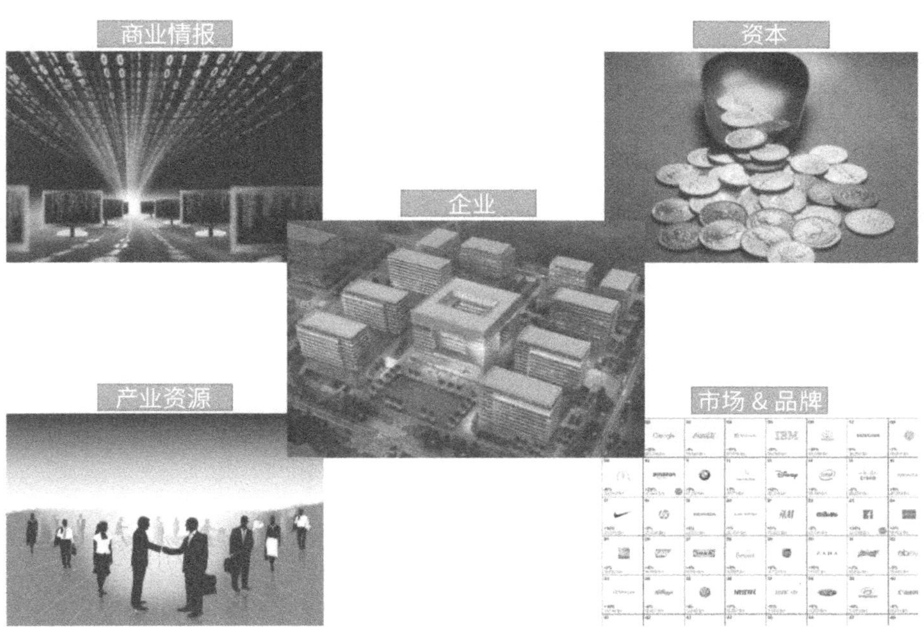

图 1-4 未来的商业体

比如一个企业去银行贷款，传统的银行风控要求该企业主动提供抵押物的证明，如房子、车子、存款、订单等。那么从另一个完全不相关的角度去说，这家企业去年在互联网上有招聘吗？招聘的都是什么样的人？过往一年的招聘数据是不是更能很好地展示一家企业的经营与发展情况？至少要比那些静态数据更有说服力。如果再结合这家企业过往的法律诉讼数据等是不是更能动态地展示一家企业的情况？再假如这家企业的个人社交爱好中有喜欢飙车，关注了很多与飙车有关的信息，并且经常互动，那么他是不是有一些人身安全的风险呢？相比原先的静态数据，这些横向思维所产生的数据可以更好地服务于银行业务。

大数据——经济发展新引擎

鲁四海

首席数据官联盟发起人，北大信息化与信息管理研究中心技术顾问，中国新一代 IT 产业推进联盟技术分委会秘书长，在云计算、大数据、移动信息化以及互联网 + 传统行业发展等方向有较深入研究，参与编写了《智慧城市实践指南》《云计算技术与标准化》《中国云计算应用指南白皮书》（2014 年 1 月）《中国云计算产业链研究报告》（2011 年 4 月）《电子政务云服务采购指南白皮书》（2015 年）等图书和报告。

大数据成为经济发展新引擎

用之则升级，不用则落后。大数据的应用和推广对于国家提出的供给侧结构性改革和“中国制造 2025”具有重要意义，将成为经济发展的新引擎，主要体现在三个方面：

一是大数据作为资产、生产资料深入应用于传统行业，可以大大提高传统行业的运行效率，提升其竞争力，从而使其快速发展；

二是大数据本身就可以形成一个产业，因为从数据到价值转变的过程中需要经过

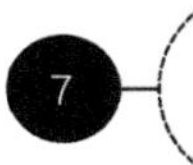

数据采集、数据整合、数据处理、数据挖掘、数据可视化、数据解读等多个环节，这些环节在软件与服务方面还存在不少的机会，但硬件生产和数据中心需要非常慎重；

三是让大数据和某个行业深度结合产生新的业态，例如大数据和农业结合，提供支持精细化耕作、健康养殖等方面的数据服务。

区域经济应用大数据的挑战与机遇

区域经济应用大数据主要面临以下四个方面的挑战。

一是可直接应用的数据源还比较缺乏。丰富的高质量数据资源是大数据产业发展的前提。传统行业受信息化水平制约，数据储量仍不丰富。已有数据资源存在标准化、准确性、完整性低，利用价值不高的情况。同时，政府、企业和行业信息化系统建设中受到各种因素制约，形成了众多“信息孤岛”，数据开放程度严重滞后。

二是政策法规较为滞后。我国个人信息保护、数据跨境流动等方面的法律法规尚不健全，这成为制约大数据产业健康发展的重要原因之一。促进大数据发展需要结合我国法治建设的实际情况，探索通过行业自律等方式弥补法律体系不完善的弊端。

三是良好的创新环境没有形成。大数据的发展需要产学研用协同互动，技术创新、模式创新和管理创新需要得到扶持。只有大力开展应用创新，推动示范试点做大做强，促使其实现商业化、规模化、产业化，大数据产业才能真正发展起来，才能发挥其对区域经济的带动作用。

四是对很多地方而言人才比较缺乏。大数据应用需要的是复合型人才，对数学、统计学、数据分析、机器学习和自然语言处理等多方面知识综合掌握，还需有一定行业知识。但目前国内还没有哪所高校能培养出这样的大数据人才。

机遇往往是与挑战并存的。在大数据推动区域经济发展的过程中也会产生很多的创业与创新机会。正如上文所提到的从数据到价值转变的过程比较长，这中间会有很多的机会。以数据挖掘为例，这涉及模型，而这种应用层的模型和行业应用是强相关的。创业公司完全可以选择一个行业深入进去，未来就有可能成为该细分市场的领头企业。

探索大数据和行业的深度整合从而发展新的业态也是一种新机遇。这种新业态的核心就是跨界整合。例如将大数据与物流行业整合，就有可能开发出物流信息服务；与电子商务整合，就有可能产生诸如基于大数据的品牌服务等新生业务。大数据新业态想象空间非常大，值得探索，但切记不能将数据应用与技术分割开来。

政府和企业如何用好大数据

地方政府在发展大数据产业过程中，最重要的就是制定政策、培育创新环境、整合资源打造人才队伍，通过智慧城市大数据应用树立示范，引导大数据产业健康发展。

在政策法规方面，主要关注两个方面：通过制定符合当地情况的政策法规划，促进数据的收集、整合和开放应用；配套相应的大数据产学研用相结合的政策，支持科研成果商业化应用。

培育创新环境可以从以下几方面入手：通过奖励等方式鼓励技术创新、模式创新和管理创新；开展大数据应用的示范试点，并推动示范试点做大做强，支持其商业化、规模化发展；加大对创新、创新项目的支持；政府可以通过建设开放实验室等方式进一步促进创新发展。

关于人才队伍培育，对地方而言，可以通过支持全国高等院校、研究机构和信息化企业到当地设立大数据研究机构，开展大数据理论和科学研究，培养行业领军人才、复合人才；推动与北京、上海、广州等国内大数据先行发展的地区及国际领域的合作，引进一批能够突破大数据应用的关键技术、能带动大数据产业发展的科学家和创新人才；积极组织专家学者开展面向政府、行业、企业的大数据专题讲座和培训，将大数据知识作为领导干部新知识新技能培训的重要内容。

智慧城市是大数据应用的重要场景，例如智慧城市运营中心就是完全依靠数据进行监控、预测、辅助决策等。所以通过智慧城市树立一批大数据的示范试点，能够在提升城市管理与服务的基础上推动大数据应用落地，促进大数据产业的发展。由于智慧城市涉及面非常广，在这个过程中发现和培育大数据的新业态也是完全有可能的。

在大数据浪潮下，传统企业应该围绕以下四个方面来应用大数据。

一、建立数据思维，用数据思维重新思考企业的运营管理；二、完善企业的信息化，对于信息化比较弱的中小型企业来说可以先用一些轻量级的 SaaS（Software-as-a-Service，软件即服务）服务；三、探索数据在运营管理中的应用，例如可以先从大数据对营销的支持、辅助决策入手；四、探索组织结构的变革和人才队伍的储备，例如探索是否需要设立首席数据官（CDO），是否需要引入大数据技术工程师等。

打破政府数据孤岛
数据交易助推产业升级

王叁寿

首席数据官联盟专家组成员，贵阳大数据交易所执行总裁，九次方大数据信息集团有限公司创始人。

大数据对经济发展的意义

首先，“大数据”可以提供决策价值。大数据对地方政府、市场主体来说其实是一种参考依据，而不是决策依据。海量数据总会出现问题，但对很多非科学类的商业应用并非要求很精准，而是要求有无限参考的可能性，有大量数据来支撑决策。

其次，大数据能促进风险把控。要去惩罚那些滥用数据的公司，而不是说去把自己装在一个玻璃瓶里面。大数据时代，任何一个国家有四种权利不容侵犯，海陆空加数据权利，这是“十三五”规划将大数据提升为国家战略的一个重要信号。

更为重要的是，“大数据”能推动产业升级。政府如果真的能把大数据产业推动起来的话，基于大数据所能产生的经济效益不次于前二十年销售土地的价值。土地是不可反复交易的，而数据是无处不在、生生不息的，可以进行反复交易。

政府发展大数据的优势与现状

政府数据是非常重要的。2015 年 8 月 19 日，国务院常务会议通过《关于促进大数据发展的行动纲要》，明确指出推动政府大数据开放、共享和安全的重要性。三个关键词的出发点和落脚点都指向政府大数据。那么政府大数据的价值究竟何在？这个问题需要从数量和质量两个层面说起。

就大数据数量而言，表面看，百度、阿里和腾讯都分别拥有数以亿计的用户量，但这与政府大数据相比，不是一个量级。仅一个北京市政府的数据容量就相当于 10 个阿里巴巴所拥有的用户量。

大数据质量方面，企业数据的短板在于数据种类的单一化程度较高。政府大数据则涉及工商、税务、司法、交通、医疗、教育、通信、金融、地理、气象、房产、保险、农业等领域，数据的种类繁多，关联性强，统计规格较为统一，便于应用处理。

那开放政府大数据的效果如何？据美国参议院商务、科学与运输委员会发布的报告显示，开放政府数据后，仅全美数据中介市场 2012 年的总规模已达 1500 亿美元，相当于当年美国情报总预算的两倍。由此可见一斑。

政府手里有两种资源最值钱，一是土地，二是大数据。大数据资源比土地具有优势的地方在于土地在一定时间内不可重复利用，而大数据可以无限循环利用。但挖掘政府大数据并非易事。事实上，政府大数据之所以一直“沉睡”是因为它处于“数据孤岛”状态，拥有这些数据的各个政府部门之间、上下级政府之间往往并未形成有效沟通，而是彼此阻隔。而那些被视为与石油同等重要的数据资源也被不同的格式，如电子文挡、视频、音频等，记录在不同载体里，甚至还有很多重要的数据没有数字化。此外，并非所有的政府大数据都适宜挖掘，其中很大比例的数据涉及国家机密或敏感内容，需要事先进行甄别和“脱敏”。

因此，对于政府来说，如何在未来 10 年内挖掘大数据产业，将决定其在土地红利、人口红利消失之后，是否能再次体验到经济黄金增长周期。

大数据建设分四个阶段：基础设施建设、软件技术开发、大数据应用、大数据交易。对于政府大数据来说，目前正处于基础设施建设阶段，即铺设“大数据管道”。可以预见，随着明确的政府大数据开放信号被释放，中国将迎来新一波“大数据管道”注册潮。

其实早在明确的信号被释放前，各地政府就已经纷纷试水与市场资深大数据公司合资成立地方大数据管道公司。各地政府挖掘大数据的目的各有侧重。苏州致力于政府征信服务平台建设，而包头则紧紧围绕畜牧业大数据、稀土大数据等当地特色经济。

合资公司的运作将以统一的数据格式、统一的指标，把企业的经营数据、产业链分析数据、所处细分市场相关数据一网打尽，并解决各个部门数据不一致的问题，既给企业监管带来便利，又节省资源。

企业大数据的平台搭建之后，源源不断的数据还将像“活水”一样在其间流淌，既有时间沉淀下来的历史数据，又有实时的当下数据，互相交织形成一座金矿。

大数据交易是必然趋势

以贵阳大数据交易所为例。一般情况我们都要求卖方先把数据处理好后再进行交易，如果卖方没有大数据处理能力，我们也可以帮着处理。当买方提出要求后，后台会根据买方要求或条件进行自动处理、撮合、甄选适合条件的一家或若干家数据卖方。同时九次方大数据也可把原始数据经过清洗、建模、脱敏、去重等处理后，直接提供给买方，而且给到客户的是拿过来就能直接用的数据，比如银行就可直接拿这些数据做风控。

数据交易方式。大数据交易目前主要由三种方式：第一种是卖 API 接口（卖数据接口，可以在一台服务器上用）。如贵阳大数据交易所只针对会员，同时也有自己的数据追踪技术，确保数据不被滥用；第二种是卖数据终端（只能在一台计算机上用）；第三种是在线数据交易（按条卖）。中小企业在大数据交易中其实既可以扮演买方又可以扮演卖方的角色，比如余额宝。

数据交易安全。提到大数据交易就会马上想到数据安全。大数据交易应该遵守以下几个规则：

第一，数据交易不能侵犯隐私，不能侵犯安全；

第二，交易要使用会员制，必须审核通过成为会员，才有资格购买数据；

第三，以无休交易所来打破时间限制；

第四，交易多品种化；

第五，交易定价，如协议定价、拍卖等方式；

第六，在线按条付费；

第七，数据卖方须通过相关认证才有交易资格；

第八，必须确保数据供应商的合法真实性，以及数据不被滥用。

现在国家对这方面给予很多支持，贵阳大数据交易所就将得到国家给予的经费支持。

智慧城市是大数据的分支。从智慧城市到大数据创新应用城市过渡，是趋势所在。因为一个智慧城市若没有数据流动，智慧城市系统也就没有意义。

数据隐私保护。全球都在关注数据隐私的问题。而目前看起来，大数据交易所交易的不是底层数据，而是底层数据清洗建模分析出来的数据结果。从这个角度来说，我们彻底规避了隐私问题。只要是跟目前现有的隐私保护有冲突的地方，我们都不做。

在大数据时代，一些看似无关紧要的信息组合起来就可以精准定位到个人。基于大数据，企业可以个性化定制、精准营销。但人们在享受大数据带来方便的同时，也不禁担忧，大数据交易的界限在哪里？个人隐私如何保障？

举例来说，电信公司掌握了每一个手机用户的位置数据、上网纪录的数据、通话数据、住宅地址等，但这并不意味着交易所会直接把这些信息卖给银行，因为这是侵犯隐私权的。交易所会把电信的数据通过清洗建模之后进行交易。比如，通过数据清洗分析后会告诉银行，哪一批人大概住的小区的平均单价都是在 10 万元每平方米以上，但并不会把手机号码给银行，而是由银行再委托电信公司底下的广告公司，通过精准广告、贴片广告等直接给到用户，通过这样“一去一回”来完成商业价值的体现。

数据定价。首先来看现在数据的价格是怎么产生的？其实完全是由数据的卖方跟交易所进行协商，交易所再去跟买方协商，形成的价格机制。价格如何波动呢？同样一条数据，有 100 个指标的时候，可能是定价 10 元一条数据，第二天这一条数据的指标变成了 150 个，价格可能就不是 10 元一条了，有可能是 15 元一条。价格每天都在波动，这就是目前数据价格形成的一种机制。

崇州模式：县域经济发展大数据的典型

陈刚

首席数据官联盟专家组成员，曾任成都崇信大数据服务有限公司董事长、中兴智慧成都有限公司董事长；现任发现智士工坊研究院 CDO、崇州市政协常委、中国智慧城市大数据创新联盟副秘书长、四川省中医药信息学会副会长兼大数据专委会主任，网络与信息安全管理高级工程师，中国农工民主党党员，拥有超过 20 年的信息化行业从业经验，中欧国际管理学院博士研究生，先后在成都通发电信股份有限公司、中国联通四川分公司、中通科技香港有限公司、深圳韩科电子有限公司、崇州市经济科技和信息化局、崇州市信息化中心等单位任职，参与研发“王者秘书”双向呼叫系统、“一号通”虚拟电话平台、CDMA 高速无线上网接入，荣获全国政府网站绩效管理最佳贡献奖。

大数据对县域经济的影响

大数据的发展为县域经济带来了以下影响。

一是大数据带来的产业聚集效应。按照数据感知、采集、处理、安全、存储、分析、应用和服务的数据全流程，大数据从数据到价值转变的进程中需要经过多个环节。大数据的产业链条将促进地方大力发展相关软、硬件产品和关键技术的开发与制造，能够聚集一批国内外知名的大数据研发、制造和服务运营企业，带动关联产业的销售收入。以崇州市为例，按照《崇州市大数据产业发展规划（2015—2020年）》，崇州市布局2000亩（约133.33公顷）土地作为大数据产业园发展区域。其中，已经先期启动1000亩（约66.67公顷）空间作为大数据产业核心区，布局数据采集、集成设备、数据处理和管理、数据应用与服务等重点领域，形成初期产业集聚。

二是让大数据和地方传统行业深度融合，促进传统行业提档升级，调整产业结构，将大数据技术作为生产力在各行各业进行广泛应用。比如崇州是全国最大的板式家具生产基地，拥有全国多家知名领头企业。这些企业将以制造业为核心，以数字化、自动化、智能化为重点，大力推动大数据技术和产品与工业的深度融合，推动工业转型升级。

发展大数据的基本条件

以崇州为例来看，对地方而言，发展大数据产业需要具备三个基本条件。

一是要有明确的大数据产业发展政策导向。2013年，崇州市被确认为国家智慧城市试点，为云计算、物联网、大数据等智慧城市相关产业的发展带来了历史契机。同时，崇州市进一步明确发展思路，2014年发出《关于加快培育和发展大数据产业的实施意见》、2015年发布《崇州市大数据产业发展规划（2015—2020年）》等一系列政策措施，大力推进大数据、电子信息产品制造、电子商务和服务外包等关联产业协同发展。经过努力，崇州市大数据产业园得到了四川省、成都市相关部门的大力支持，被纳入《成都“创业天府”行动计划（2015—2025年）》，崇州经济开发区先后被授予四川省信息安全产业示范园区、成都大数据科技产业园等称号。

二是要形成初具规模的关联产业。2010年以来，崇州市通过承接富士康配套园区建设，吸引了电子信息产品制造企业加快聚集，引进了捷普、领胜等一批极具带动作用的优势企业。大数据产业是电子信息产业中的高端领域。崇州以电子信息产业为基础，入围国家智慧城市试点后，紧抓大数据产业高端，先后与微软、百度、中兴通讯、万国数据、勤智数码、云润大数据等一批IT龙头企业和科技型、创新型大数据企业签约合作。2014年6月，以国家重点镇羊马镇为载体的电子商务与服务外包等现代服务业聚集区正式确立。至此，崇州市已初步形成了电子信息产品制造业、软件服务业、信息技术服务业三位一体的产业格局，为大数据产业加快发展奠定了基础。

三是要具备优越条件的生态环境。崇州市的生态本底优良，是成都市第二水源地，先后荣获国家级生态示范区、中国优秀旅游城市、中国人居环境范例城市等称号，宜居宜业指数较高。2014 年成功创建国家级生态县（市、区），标志着崇州市生态资源保护和生态文明建设进入了一个新的阶段，适宜发展大数据等低污染、低消耗、高附加值的新兴产业。

大数据产业链比较长、环节多。围绕目前区域关联产业的发展现状，研究大数据产业上下游企业间经济技术联系和产品形态，综合研判产业发展和技术演进趋势，从而选出合适的大数据产业发展切入点显得尤为重要。崇州市大数据产业切入点有两个：数据采集的前端——传感器生产制造和使用、数据应用的末端——智慧城市服务。崇州市充分利用经济开发区东南部电子制造聚集区 6.5 平方公里空间，与捷普生产基地和富士康配套产业区融合；以专业园区为载体，统筹布局大数据相关智能终端与传感器产品生产制造，合理布点工业电子、医疗电子、汽车电子、可穿戴设备和智能家居等数据入口产品生产制造；同时，鼓励企业将崇州做为智慧城市建设模式试验田，积极探索企业投资建设、政府购买服务的可持续发展模式，进而将智慧城市服务辐射出去，以崇州为中心形成智慧城市服务基地。

发展大数据的主要模式

目前，我们认为区县级发展大数据主要有两种模式：

一是政府主导，市场参与。整体上虽然资源也是按市场经济原则进行配置，但政府以强有力的计划和政策对资源配置施加影响，以达到某种短期和长期目标的产业发展模式。

二是政府引导，市场主导。充分发挥政府在规划统筹、资源开放、服务购买、市场监管等方面的导向作用，调动市场主体的积极性、主动性，形成多方参与、合力推进的发展格局。

崇州市发展大数据产业主要采用第二种模式，通过引入社会资本或企业参与机制发展大数据产业。2015 年 5 月，经崇州市政府常务会议授权，崇州成立四川省首家国有独资大数据企业——成都崇信大数据服务有限公司，统一管理全市政务数据，牵头协调社会化数据治理，对接国家层面战略数据，以更好的市场化运作方式推进大数据产业发展工作；率先在全省以 PPP（政府和社会资本合作，Public-Private Partnership，是公共基础设施中的一种项目运作模式）模式成立智慧城市运营合资公司——中兴智慧成都有限公司，这是一家分别由中兴软创科技股份有限公司、成都市信息化建设发展有限公司、成都崇信大数据服务有限公司共同出资组建的合资公司；省人民医院崇州分院与成都成电医星数字健康软件有限公司以 PPP 模式组建智慧医疗项目合资公司——成都延华智慧医疗信息技术有限公司，共同推进“智慧医疗”项目；与成都勤智数码科技股份有限公司合资搭建大数据共享运营和创新创业平台，打造政府“云桌面”办公系统，促进智慧政务建设。大家合作的基础是共同看好大数据产业发展的巨大市场，同时多方也各自承担风险。企业风险在于盈亏，而政府则需把控可能存在的政策风险。

政府数据应用的引领和示范作用

在发展大数据产业过程中，政府的任务主要有四个方面。

一、明确产业发展规划和目标。大数据产业发展是一项有序的、动态的、可持续发展的系统工程。政府的首要任务是要建立地方大数据产业发展规划作为产业发展纲领性文件，明确目标和任务，以促进数据产业发展过程中各个环节的正规有序。

二、大力推动政府部门数据共享。建立政府部门数据采集机制，明确政府部门数据共享的范围边界和使用方式，形成政府数据统一共享交换平台，以政府数据的开放共享带动社会主体主动参与数据采集和共享。

三、加快大数据产业相关法规制度建设。从制度上对大数据的资源、技术、应用、产业、安全等方面进行规范，明确数据各类主体的责任义务，规范数据采集、流通与使用，保护数据产权、安全和隐私，维护市场效率与公平。

四、培养一支专业队伍。大数据发展的每个环节都需要依靠专业人员完成，因此，必须培养和造就一支懂指挥、懂技术、懂管理的大数据建设专业队伍。

在推动大数据发展过程中，政府部门数据应用应起到引领和示范作用。大数据最终价值应首先体现在智慧民生服务，通过大数据产业发展提升民生领域的公共服务水平。政府部门数据应用要优先推动交通、医疗、就业、民政、城管、教育等民生领域政府数据向社会开放，解决老百姓在城市生活中的痛点和难点问题，以社会民生试点示范为突破口，逐步实现大数据技术在各领域、各行业、各群体中的普遍应用。

崇州市为大力推动民生示范应用效应，已于 2015 年起率先启动大数据在政务、医疗、教育、地下管网、平安城市等方面的示范应用。比如“智慧医疗”将通过深化医药卫生体制改革，构建智慧医疗体系，完善覆盖城乡的基本医疗卫生服务制度和现代医院管理制度，形成上下联动、衔接互补、协同融合的集医疗、医药、医保、医学联动的医药卫生健康服务体系。已编制《崇州市智慧医疗顶层设计》,逐步解决市民“看病难、看病贵”的问题，最终让群众真切体会和享受到“智慧医疗”带来的便利。

大数据发展需要新型人才

现在各地发展大数据产业最大的挑战就是数据人才的缺乏。数据人才是一种两栖人才，大数据人才是需要通晓行业业务和信息技术的复合型人才。大数据产业对人才的复合型能力要求更高，不仅要具备数学、统计学等基础知识，拥有数据分析和数据挖掘能力，还要拥有大数据思维，懂得具体业务领域。因为大数据产业的发展不光是存储海量数据，还需要把这些数据进行解构和重构，所以新型人才是关键，他们能带来数据应用的先进理念。

针对目前数据人才大量缺乏的局面，需要政府、产业界和高校的联合培养，创新大数据人才培养机制，由政府、产业界与高校共同拟定大数据领域的知识体系和重大领域，以应用为目标联合培养紧缺人才。目前崇州市已与电子科技大学、重庆邮电大学、成都信息工程学院等学校达成合作协议，在大数据人才引进、科研成果转化等方面进行深入合作。同时，与成都国信安信息产生基地有限公司签订合作协议，联合微软公司针对企业需求进行人才培训、培养、认证等工作。

附：崇州简介

“江湖四十余年梦，岂信人间有蜀州”。有着 4300 余年建制史的崇州位于美丽富饶的川西平原，素有“蜀中之蜀”“蜀门重镇”之美誉。崇州是一座历史悠久、文化底蕴深厚的城市。在这片古老的土地上，滋养了陆游、杜甫、王勃等文人墨客的璀璨诗篇，传承着古风、古韵、古貌的厚重文化。崇州还是一座如诗如画、如梦如幻的城市。在这片神奇的土地上，浓缩了雪山、湿地、草甸等多种地貌，孕育出森林、温泉、古镇等多样风情。物华天宝古蜀国，人杰地灵新崇州。这里处于成都经济圈西部的核心地带，崛起的快速步伐正扑面而来，浓郁的川西风情正绽放风华。走进崇州，既能感受“中国优秀旅游城市”的独特魅力，也能看到“国家级生态示范区”的田园风光。

走进崇州，既能享受到“中国人居环境范例城市”的安逸舒适，也能触摸到“国家智慧城市试点”的发展脉动。建设“产业新城、品质崇州”，努力让崇州成为居住安心、工作舒心、投资放心的优选之地、首善之区、向往之城，这是崇州人发自内心、为之奋斗的城市愿景。围绕这一理想，崇州人努力加快城乡建设和三次产业发展，在北部全力建设以旅游业为核心的“百亿田园产业经济区”，在中部奋力打造以先进制造业为主的“千亿产业园区”，在南部加快建设“业兴、家富、人和、村美”的 100 平方公里新农村示范片。在新的历史征程上，崇州市以党的十八大和十八届三中全会精神为指引，全力开展“交通畅捷行动、经济倍增行动、项目攻坚行动、城乡靓化行动、民生改善行动、开放合作行动、固本强基行动”等“七大行动”，力争通过勤劳的双手、进取的精神、开放的理念促进城乡面貌由“二元”向“一体”转变，发展区位由“内陆”向“前沿”转变，生活品质由“传统”向“现代”转变。崇州，一座活力迸发的城市，一座开放进取的城市，一座在创新中不断成长的城市。期待与您携手演绎更多的精彩。

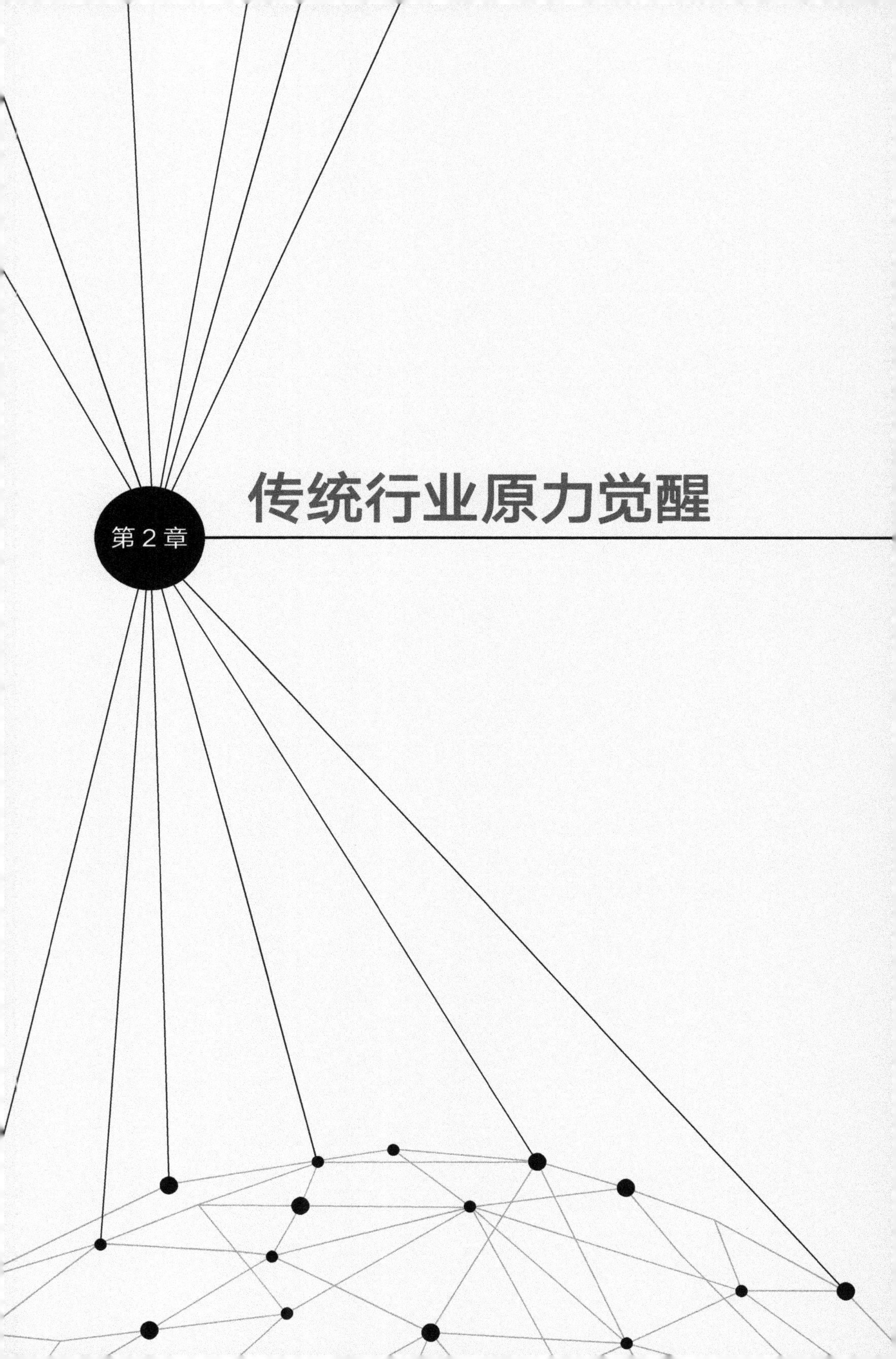

第 2 章

传统行业原力觉醒

5 制造业+大数据：塑造智能工厂

王喜文

首席数据官联盟专家组成员，九三学社中央科技委委员，九三学社北京市房山区工委副主任，工信部国际经济技术合作中心中国智造与工业 4.0 研究所所长。

“工业 4.0”在德国被认为是机械化（第 1 次）、电气应用（第 2 次）、自动化（第 3 次）之后的第 4 次工业革命，指在“智能工厂”利用“智能设备”将“智能物料”生产成为“智能产品”，整个过程贯穿以“网络协同”，从而提升生产效率，缩短生产周期，降低生产成本。它的典型特征是融合性与革命性，是新一代信息技术与工业化深度融合的产物，是一种新的生产方式，推动传统大规模批量生产向大规模定制生产转变。“工业 4.0”的智能生产体系如图 2-1 所示。

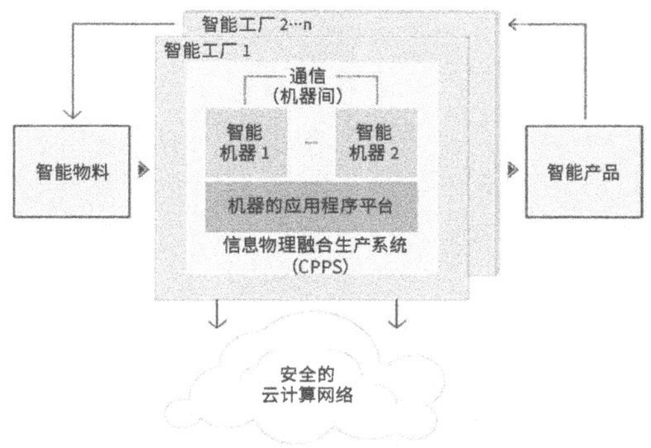

图 2-1 “工业 4.0”的智能生产体系

工业大数据的主要类别

随着制造技术的进步和现代化管理理念的普及，制造业企业的运营越来越依赖信息技术，以致制造业的整个价值链、制造业产品的整个生命周期都涉及诸多的数据，制造业企业的数据也呈现出爆炸性增长的趋势。

制造业企业需要管理的数据种类繁多，如图 2-2 所示，涉及大量结构化数据和非结构化数据。

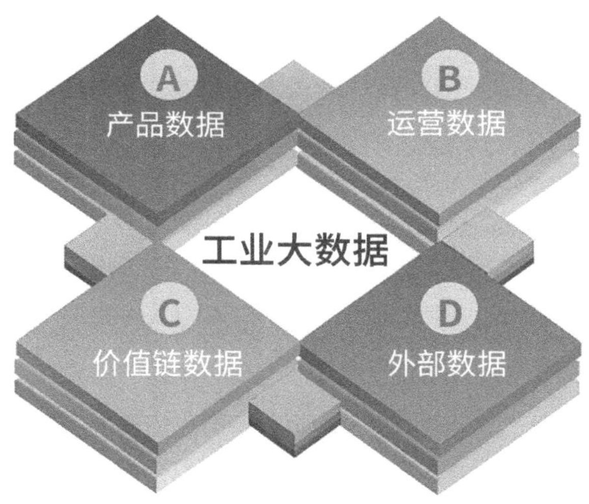

图 2-2　工业大数据的种类

1. 产品数据：设计、建模、工艺、加工、测试、维护数据、产品结构、零部件配置关系、变更记录等。

2. 运营数据：组织结构、业务管理、生产设备、市场营销、质量控制、生产、采购、库存、目标计划、电子商务等。

3. 价值链数据：客户、供应商、合作伙伴等。

4. 外部数据：经济运行数据、行业数据、市场数据、竞争对手数据等。

随着大规模定制和网络协同的发展，制造业企业还需要实时从网上接受众多消费者的个性化定制数据，并通过网络协同配置各方资源，组织生产，管理更多的各类有关数据。

工业大数据的主要用途和价值

大数据可能带来的巨大价值正在被传统产业所认可，它通过技术的创新与发展，以及数据的全面感知、收集、分析、共享，为企业的管理者和参与者呈现出一个全新的看待制造业价值链的方法。

1. 实现智能生产

在“工业 4.0”中，通过信息物理系统（CPS）实现工厂 / 车间的设备传感和控制层的数据与企业信息系统融合，使得生产大数据传到云计算数据中心进行存储、分析，形成决策并反过来指导生产。具体而言，生产线、生产设备都将配备传感器，抓取数据，然后经过无线通信连接互联网，传输数据，对生产本身进行实时的监控。而生产所产生的数据同样经过快速处理、传递，反馈至生产过程中，将工厂升级成为可以被管理和被自适应调整的智能网络，使得工业控制和管理最优化，对有限资源进行最大限度的使用，从而降低工业和资源的配置成本，使得生产过程能够高效地进行。

例如在过去，在设备运行的过程中，自然磨损本身会使产品的品质发生一定的变化。经过信息技术、物联网技术的发展，通过传感器技术实时感知数据，知道产品出了什么故障，哪里需要配件，使得生产过程中的这些因素能够被精确控制，从而真正实现生产的智能化。在一定程度上，工厂 / 车间的传感器所产生的大数据直接决定了“工业 4.0”所要求的智能化设备的智能水平。

此外，从生产能耗角度来看，设备生产过程中利用传感器集中监控所有的生产流程，便于发现能耗的异常或峰值情况，由此能够在生产过程中不断实时降低能源的消耗。同时，对所有流程的大数据进行分析，也会在整体上大幅降低生产能耗。

2. 实现大规模定制

大数据是制造业智能化的基础，在制造业大规模定制中的应用包括数据采集、数据管理、订单管理、智能化制造、定制平台等，其核心是定制平台。定制数据达到一定的数量级，就可以实现大数据应用。通过对大数据的挖掘，实现流行预测、精准匹配、时尚管理、社交应用、营销推送等更多的应用（如图 2-3 所示）。同时，大数据能够帮助制造业企业提升营销的针对性，降低物流和库存的成本，减少生产资源投入风险。

对这些大数据进行分析，将带来仓储、配送、销售效率的大幅提升和成本的大幅下降。这将会极大地减少库存，优化供应链。同时，利用销售数据、产品的传感器数据和供应商数据库的数据等大数据，制造业企业可以准确地预测全球不同市场区域的商品需求。由于可以跟踪库存和销售价格，所以制造业企业便可节约大量的成本。

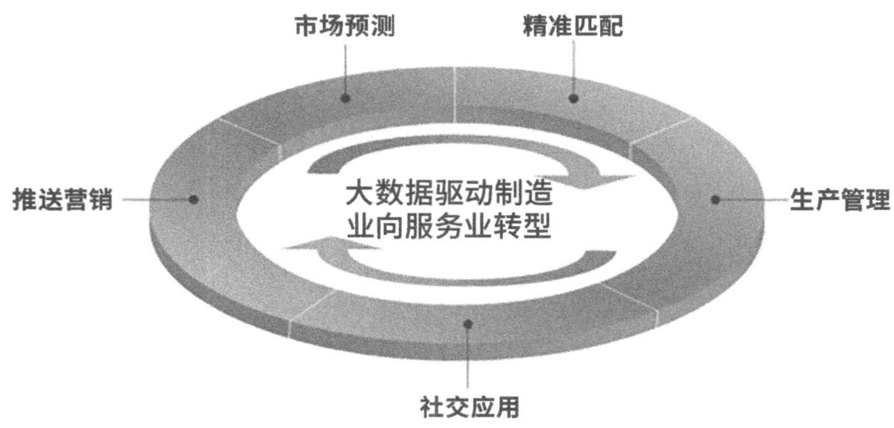

图 2-3 大数据驱动制造业向服务业转型

“工业 4.0”本质是基于信息物理系统（CPS）实现“智能工厂”，使智能设备根据处理后的信息进行判断、分析、自我调整、自动驱动生产加工，直至最后的产品完成等步骤。可以说，智能工厂已经为最终的制造业大规模定制生产做好了准备。

实现消费者个性化需求，一方面需要制造业企业能够生产提供符合消费者个性偏好的产品或服务，另一方面需要互联网提供消费者的个性化定制需求。由于消费者人数众多，每个人的需求不同，导致需求的具体信息也不同，加上需求的不断变化，就构成了产品需求的大数据。消费者与制造业企业之间的交互和交易行为也将产生大量数据。挖掘和分析这些消费者动态数据，能够帮助消费者参与到产品的需求分析和产品设计等创新活动中，为产品创新做出贡献。制造业企业对这些数据进行处理，进而传递给智能设备进行数据挖掘、设备调整、原材料准备等步骤，才能生产出符合个性化需求的定制产品。

工业大数据的典型应用场景

工业大数据达到一定规模之后，就可以挖掘出具备商业经营价值的智能决策。设备与数据相互结合，网络协同且实时更新，将对诸多行业带来较大裨益。

据美国通用电气公司（简称 GE）的预测，航班延误每年给航空公司带来的损失超过 400 亿美元，其中 10% 的延误是由对飞机的维护欠缺所造成的。同时，全球航空业每年燃油费用高达 1700 亿美元(营业收入约为 5600 亿美元)。而根据国际航空运输协会（IATA）的调查，这些油耗中有 18%~22% 属于浪费。GE 的工业互联网通过对飞机航运数据和零部件系统数据的监测与统计，分析维修保养上的问题，每年可减少 1000 次延误情况。同时，选择适当的时机进行维修保养，也可以降低设备投资成本。通过航运数据，挖掘减少燃油能耗的实现路径，从而对飞行调度进行优化，可减少 2% 的能耗使用，每年节约 2000 万美元成本，减少大量二氧化碳排放。如图 2-4 所示。

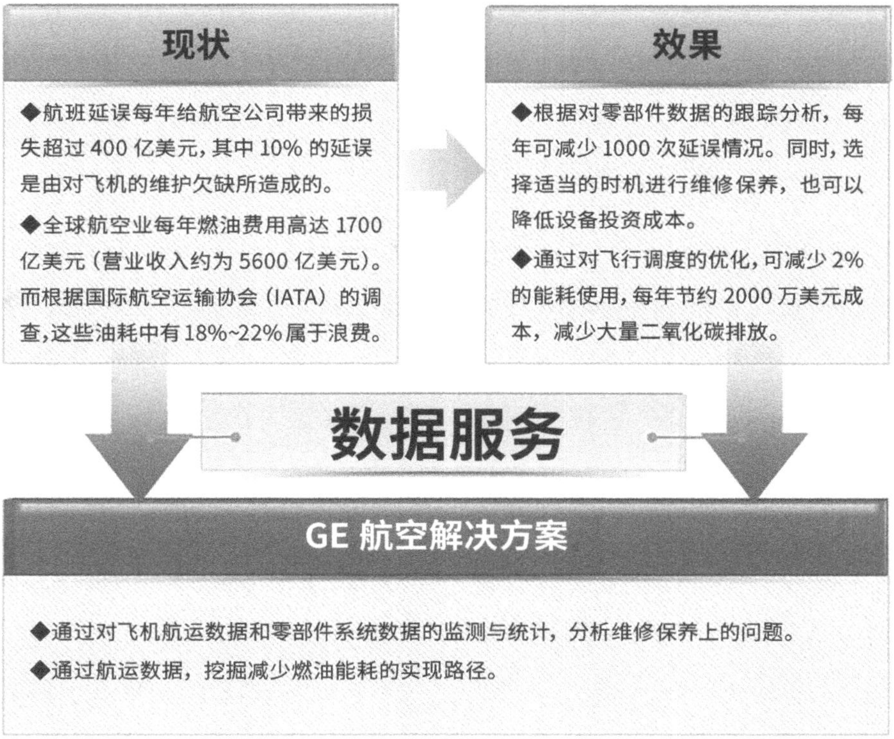

图 2-4 航空领域的智能决策

医疗占全球 GDP 的 10%，是一个相当大的行业。据美国 GE 公司的预测，医疗领域由于低效率，每年会造成 7310 亿美元的浪费，尤其是临床医疗占到 59%，高达

4290 亿美元的浪费。医疗从业人员与医疗器械之间的信息不对称是主要原因。例如：护士换药、磁共振成像情况、医生诊断等过程都没能实时共享。将医疗从业人员、医疗器械进行联网，对诊断、手术、药方等信息进行共享，可以开展网络协同式的诊疗。GE 的工业互联网通过综合管理每个病床，每个诊断的工作流、患者流，搬运医疗器械，改进医疗从业人员、业务流程和器械通信情况，可减少 15%~30% 的医疗器械成本，提升医疗从业人员的工作效率，节约的时间可多为 15%~20% 的患者提供服务。如图 2-5 所示。

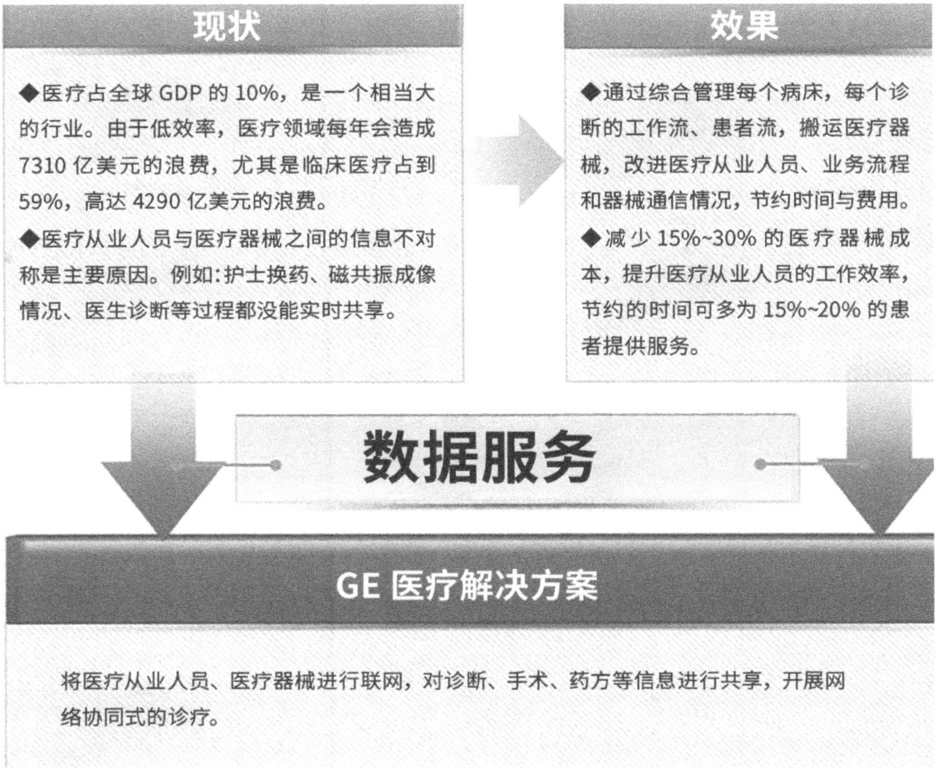

图 2-5 医疗领域的智能决策

大数据构建新一代智能工厂

消费需求的个性化要求传统制造业突破现有的生产方式与制造模式，根据消费者需求所产生的海量数据与信息，进行大数据处理与挖掘。同时，在进行这些非标准化产品生产过程中，产生的生产信息与数据也是大量的，需要及时收集、处理和分析，以反过来指导生产。

这两方面的大数据信息流最终通过互联网在智能设备之间传递，由智能设备进行分析、判断、决策、调整、控制并继续开展智能生产，生产出高品质的个性化产品。可以说，大数据构成新一代智能工厂。

伴随新一代信息技术与制造业的深度融合，新一轮工业革命的孕育发展，使得信息技术渗透到了制造企业产业链的各个环节。条形码、二维码、RFID 等物联网标识，工业传感器、PLC 等工业自动控制系统，ERP（企业资源计划）、CAD（计算机辅助设计）/CAM（计算机辅助制造）、MES（制造执行管理系统）等软件技术在制造企业中得到了广泛应用。制造业企业的运营也越来越依赖信息技术，以致制造业的整个价值链、制造业产品的整个生命周期都涉及诸多的数据，制造业企业的数据也呈现出爆炸性增长的趋势。

智能工厂中的大数据是“信息”与“物理”世界彼此交互与融合所产生的大数据。如图 2-6 所示。大数据应用将带来制造业企业创新和变革的新时代。在以往传统的制造业生产管理的信息数据基础上，通过物联网等带来的物理数据感知，形成“工业 4.0”时代的生产数据的私有云，创新了制造业企业的研发、生产、运营、营销和管理方式。这些创新给制造业企业带来了更快的速度、更高的效率和更敏锐的洞察力。

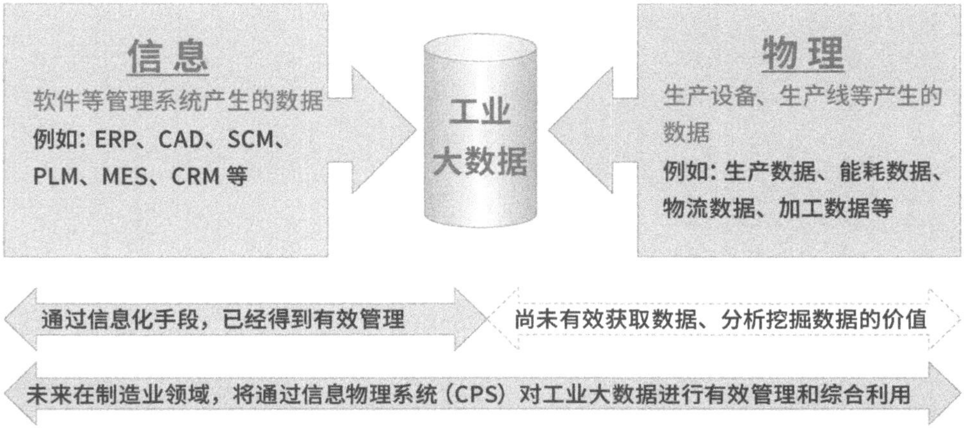

图 2-6 工业大数据联结物理信息

钢铁业 + 大数据：优化供给侧改革

宋雷

首席数据官联盟专家组成员，唐宋大数据产业股份有限公司创始人兼董事长，北京大学、华北理工大学特聘导师，唐宋产业经济研究院院长，河北省北方电子商务研究院院长，中国海外高层次人才“千人计划”候选人。

钢铁行业面临的问题

供给侧改革的核心是优配资源。“去产能、去库存、调结构”首先要做到底数清楚。钢铁是一个门类齐全、产业链条长、生态完整的行业。究竟这个行业的产能过剩是什么现状、下游的需求方是什么样、数据总量是什么等问题到现在也不是完全清楚。钢铁行业的很多现象是游离于统计数据之外的，比如小电炉钢（俗称地条钢），全国究竟有多少没有数据；再比如过剩问题，究竟总量过剩多少，哪些品种过剩，哪些品种不过剩，等等，都会指向供求关系。这些都需要统一放在一个大的数据系统里面去分析，才能得出正确的判断。大数据就是为解决这些问题服务的。大数据首先就要做到全样本调查，靠这个全样本解决统计口径样本不足、调查周期长、人为干预等问题，更要解决个性化的、个体的、个别的问题。钢铁作为国民经济的基础行业，作为工业的粮食，未来仍然具有巨大的发展机遇。当然这个机遇不是在数量上的机遇，而是在质量型发展方面的机遇。大数据与钢铁行业的融合还远远不够。未来钢铁行业的发展一定要靠大数据做精准的预测和决策，做最优配资源、最优化流程，做最好的产品和服务。这些都是大数据的用武之地。

生产型企业面临的挑战永远是如何在竞争中胜出。如何挖掘企业的核心竞争力是企业永恒不变的追求。无论是生产型还是服务型企业都不能背离时代而存在。大数据是一个时代，是互联网维度之上的一个经济环境，未来的竞争主要体现在数据层面。对于生产型企业来说，在信息化时代，不能跨越的四个发展阶段是 IT 化、互联网化、大数据化、智能化。现在很多生产型企业连第一个阶段还没走到，这些企业如果不迅速转型升级，很快就会被市场淘汰掉。大数据要和互联网结合起来，把供应链、生产链、销售链打通，形成新的价值链。大数据一定会成为未来企业最核心、最优质的资产，也一定会成为企业经营的核心。

大数据助推企业供应链优化升级

供应链本质上是一个价值链。供应链对于企业来讲，既是业务链，又是成本链，还是服务链。如何优选供应商，优配资源，即期响应，最大化降低成本、提高效率、创造价值，都要在这个环节体现出来。每一个规模企业，供应链的管理水平直接决定了该企业经营水平的高低。从这个角度看，大数据可以起到至关重要的作用。供应链每一个环节资源的高效配置，都会给企业整体经营带来巨大的协同价值。具体来说，大数据可以在以下几个层面对供应链起到巨大的推动作用：

1. 优选供应商：通过在细分领域对企业的评估，建立供应商数据库，并不断优化评价打分体系，对供应商实行动态监控和优胜劣汰；

2. 优配资源：根据生产工艺和成本核算要求，对原材料、设备配件及主辅料等的采购结构进行动态优化，寻找性价比最高模型组合；

3. 优配采购周期：根据生产计划及成本核算要求，合理确定采购周期。采购周期随着企业营销模式的变化而变化，比如在 C2B 定制化大规模到来的时代，采购周期与销售周期就完全合二为一。由生产驱动到订单驱动，也是未来工业 4.0 的核心所在；

4. 优化库存：按照满足生产和最低成本为目标，以追求最低库存为方向，不断优化库存的总量、结构和资金占用；

5. 优化与生产环节的协同：采购过程与生产工艺结合，以生产效率最高、工艺最先进、质量最高、设备磨损最低、流程最优和成本最低为目标，通过不断优化协同模型，持续优化供应链；

6. 优化成本控制：这是大数据在供应链环节的核心，以持续降低供应链成本乃至全流程成本为目标，综合评估各维度数值，建立持续改进的成本模型最为关键。

大数据助力钢铁行业创新用户服务

经过改革开放近四十年的发展，钢铁企业从一个完全计划型、短缺型的行业转变成高度市场化、供大于求的行业，这是一个突破垄断、提升服务的过程。我们看到钢铁企业的服务意识较之原来的“铁老大”有了非常大的提高，无论是国有企业还是民营企业，大家的主要关注点都放在了客户、市场和服务方面。这一点是非常了不起的进步。但严格来说，钢铁企业的服务意识和服务能力还有很大的不足。比如直到现在大部分企业还存在以产定销、依靠代理商解决市场问题、离终端客户太远的问题；直供比还相当低，对终端需求变化了解不多，反应迟缓，无法实现与用户深度协同的问题，等等。没有信息化就没有服务。没有大数据，就没有科学服务。这方面我们的欠账太多。在大数据时代，钢铁企业如何捕捉用户的个性化、细微化和超预期的需求，进而与企业的能力进行优配，这方面可以做的工作还有很多。

大数据助力钢铁行业征信发展

我们都知道，大数据对于行业有个很重要的领域就是征信。信用是经商之本。在市场经济里，每一个行业和企业都要接受风险评估，钢铁行业也不例外。随着钢铁行业步入发展成熟期，产能过剩日益突出，行业发展的很多矛盾都在集中爆发，其中突出的一点就是行业的整体经营效益下滑，从金融角度看就是企业偿债能力下降、违约风险提高、资产价值缩水。在这个特殊的时期，钢铁被银行列入负面清单，直接融资渠道也基本上是面向国有企业。在行业经济度、市场认同度和金融欢迎度普遍不高的形势下，钢铁行业的融资能力大大下降，融资成本大大上升。这个链条上甚至出现了很多影子信贷的灰色地带，以及不良债务急剧增加的现象，面临的困难和风险显性和隐性并存，良莠不齐，泥沙俱下。所以在这个时期，对于每一个企业的信用都需要有一个科学的、动态的、全维度的评估，给金融机构提供详尽的数据，打通钢铁行业与金融的隔阂。

金融是从实体经济衍生出来的业务形态，要通过为实体经济服务获得最终收益。金融的服务手段是建立在数据流基础上的。换个角度讲，金融机构本质上就是数据公司，所有的金融都是建立在数据基础上资产错配的过程。比如银行是建立在存贷的数据预测基础上，通过对企业的征信评估进行有计划放贷并收回本息的活动；保险是建立在对被保险人群体风险评估的基础上，按照大数据法则计算出来的赔付比例进而厘定费率的；投行是建立在对经济发展、行业预期和企业竞争力数据研判基础上的投资行为；期货是对未来资产价格的预判形成交易对手盘，等等。大数据做到一定程度，数据金融化是必然的发展方向。而从另一层面讲，大数据 + 互联网 + 金融具备在新的维度基础上创新金融的能力，也具备更好的服务用户的手段和载体。

PC 业 + 大数据：突破产业红海

黄峻涛

首席数据官联盟秘书处副秘书长，宏碁中国区商用营销部总经理，曾在联想、方正担任过区域商用业务总监、营销总监等职务，具有十多年的 PC 行业经验，在客户营销、产品运营方面有丰富的经验，擅长营销管理、产品运作和流程优化，具有很强的前后端资源整合能力和产品运作能力。积极探索和实践大数据在 PC 行业内的应用，是大数据价值创新的探索者。

大数据为 PC 行业带来新机遇

目前整个 PC 市场依然在下滑，不得不承认大家对 PC 的关注度也在下降，各厂商也各有自己的盘算。HP、Dell 向企业级服务转型，三星、苹果的重心早已转移到移动市场，而联想早已提出“PC+”战略。各大厂商都在寻求新的突破和增长点，不论是产品还是客户挖掘、客户精准营销、渠道管理、售后服务、供应链管理等方面，都在不断地努力寻找突破。

除了稳固和夯实目前的核心业务外，宏碁也在自建云 BYOC（Build your own cloud）、桌面云、VR 等领域进行了全面战略布局和创新，积极寻求新的增长点和突破点，拓展新的业务领域，并且取得了非常明显的成效。

现在大家都在谈论大数据，那如何利用大数据在 PC 行业实现一些创新和突破？大数据本身就是与 PC 行业有着与生俱来的紧密联系，整个端到端的全价值链上都可以找到与大数据的结合点，这要比其他传统行业的结合更具有天然优势。应该充分利用好这种天然优势，用大数据重新武装和升级 PC 行业。谁先搭上这条船，谁就能在激烈的竞争中更胜一筹。

举例来说，过去传统的营销决策要参考一些第三方数据机构、客户调研、业务报表等数据，但这些数据和报表都有周期性、滞后性、片面性等缺点，已经无法适应当前瞬息万变的市场竞争，没有办法快速、准确地进行营销决策。运用大数据的技术和方法，企业的营销将基于更科学、更细致的数据依据，可以彻底改变拍脑袋、闭门造车式的营销决策方式。通过企业内部的 ERP、CRM 等业务系统采集、汇总数据，实现运营状况的实时监控，针对商机 V 值、转化率、订单数量、库存周转等关键指标的变化，做出及时反应。

大数据改变 PC 营销

越来越多的 PC 厂商都开始强调以客户为中心的理念，使产品、营销、推广、服务等都以客户为核心。传统的客户管理方式是建立客户 CRM 管理系统、客户数据库，进行相对简单的系统化管理，然后通过 4P、4C 等方式进行营销。这些原有的方式已经较难以适应和满足目前移动互联时代客户需求和采购行为的变化。而大数据可以在以下几方面带来很大的价值。

一、客户细分和精准营销。客户营销的一个核心就是要进行客户细分，准确的客户细分是营销工作的关键依据，这离不开数据的分析。我们可以通过对客户特征、采购频次、采购产品等海量数据进行分析，实现客户的细分，寻找到高价值的客户，为客户进行精准画像，进行 VIP 识别，进而推动更加精准的客户营销。还可以通过大数据的方式洞察客户的采购习惯和偏好，改进产品和服务，制定个性化的产品组合策略，把握产品生命周期，进行客户化定制，实现精准营销。这样也能大大节约厂商在广告、媒体方面的资源投入，使广告投放更加精准有效，实现更加精准的制导。对客户采购行为信息分析之后，从而在后续产品推广、促销中，定向地向目标客户发送相关产品信息，做到有的放矢，降低获取新客户的成本。

二、商机获取和趋势预判。在竞争中往往谁先抓到商机、先接触客户，谁就能占得先机。我们可以通过互联网大数据分析，帮助企业寻找新的商机，提前把握趋势和动向，对潜在需求进行准备。同样也可以对趋势变化和风险进行提前预判。例如，在产品运营分析过程中，一旦发现某产品销量在迅速下降，客户关注和指名率下降，就要提前在产品规划、产品运营中进行策略调整以提前规避风险。如果不具备这种预判能力，就会造成产品的积压损失和竞争力下降。大数据就像是为企业提供了一个望远镜，让你能够看到更远的地方。

三、竞争动态和趋势把握。通过对行业网站、电商平台的数据分析，可以实时了解行业和竞争对手动态，了解到客户需求的变化趋势，为营销决策提供依据。根据竞争情况和市场情况，及时调整价格和产品策略，快速适应市场变化。

大数据改变 PC 供应链管理

PC 企业在日常运营中，除了要考虑扩大客户群，提升销量，还必须要考虑提升运营效率，降低运营成本。特别是提高供应时效，加快库存周转，对于企业来说非常重要。通过数据分析，找到整个链条中哪个环节成本高，哪个环节效率低，那就针对这些环节进行优化和调整，从而实现运营的优化。

PC 行业的供应链管理还是比较复杂的，涉及众多的上游零部件供应商和工厂，客户的需求也非常的多样化，整个供应链管理的过程中会产生海量的数据。其中销售预测是供应链上一个关键环节。通过大数据的分析方法和工具，挖掘出多数客户需求的规律，提升预测准确率就非常有价值了。因为这就为物料预测、备料采购、生产计划、物流计划等提供了非常重要的参考依据。例如，通过对以往订单特点的深入分析，就可以发现某款机型、某个部件在某个时间段内需求会明显增加的规律。那就可以在订单来之前，提前进行物料预测和备料。同时掌握上游零部件供应商的库存数据，库存不足的提前进行补货，大大缩短供应的时间。这就需要用大数据的工具来整合和升级传统的供应链体系，让供应链的采购、预测、生产、物流环节更加高效、精准，实现端到端的高效运营和管理。

大数据改变 PC 渠道管理

传统 PC 的渠道管理方式是通过简单图表方式进行管理，难以更精准地管理和分析。我们准备基于大数据平台，对所有渠道的销售数据、进货频次和产品类型偏好等数据进行分析，对渠道进行画像，然后对不同的渠道制定更具有针对性的促销和定价方式，能够进一步增强对渠道的黏合度。然后根据渠道以往的交易情况、资金信用情况，类似银行征信一样，对渠道进行评级和分级，对渠道进行更为细致的管理，提早预防一些可能出现的经营风险。

除了上述所提到的营销、运营、渠道管理等，大数据还能在其他很多方向产生价值，如售后。通过对产品质量数据、售后维修数据、客户投诉的分析，会发现一些有价值的规律和特点，进而由售后部门提出建议给产品部门，可以对后续产品的改善和优化提供重要参考，使得产品品质和质量更有保障。企业可以通过分析线上客户评价反馈，分析最近哪些产品受欢迎和关注，进而可以提前安排计划和准备，捕获潜在商机，对营销决策提供参考。

大数据对 PC 行业有如此多好处，应用势在必行。但也会遇到一些困难，最主要的困难就是大数据的整合。对各处的数据资产进行整合和管理需要同时考虑厂商内部业务数据、工厂数据、供应商数据、物流信息等。这些数据具有分散性、多样性等特点，需要进行数据采集、汇集、转换等复杂的整合过程，对多数企业来说不仅是挑战，更是一个循序渐进的过程。

教育 + 大数据：因材施教的个性化教育

董学礼

首席数据官联盟专家组成员，曾任职神州数码解决方案部副总经理、神州数码智慧城市集团业务总监，目前任职新奥集团旗下新智云数据服务有限公司大数据咨询总监。

教育领域中的大数据有广义和狭义之分。广义的教育大数据泛指所有来源于日常教育活动中人类的行为数据，它具有层级性、时序性和情境性的特征；而狭义的教育大数据是指学习者行为数据，主要来源于学生管理系统、在线学习平台和课程管理平台等。

大数据驱动教育改革与发展

与其他行业相比，教育界对大数据的广泛接纳还是近期的事。但可喜的是，大数据正在走进教育的领地，走进学校的大门，走进教师和学生的生活。可以预期的是，一个属于教育的大数据时代即将到来，它不仅影响学校内部治理的改革，而且会驱动整个教育领域的变革，使教育照顾学生的个性化需求、关爱每一个孩子成为可能。

但从整体上看，目前教育大数据的采集网络仍处于布局和建构的初级阶段，大数据在教育决策、教学过程中的运用还处于摸索和起步阶段，大数据人才培养的完善体系还没有建立起来。而一些企业集团较早看到了大数据带来的应用前景和巨大商机，以致大数据在教育领域的应用总体上呈现出产业应用的成熟度大于学校应用的成熟度的态势。

教育大数据面临的挑战

随着我国“以教育信息化带动教育现代化”方针的确立，《教育信息化十年发展规划 (2011-2020)》的顺利推进，特别是大数据发展上升为国家战略，教育大数据的开发与应用将迎来一个全新的时代。但是，我国教育大数据的科学发展还面临着观念层面、实践层面、技术层面等方面的困难。国家政策已经将我国大数据产业发展定为国家战略，对一系列的政策措施都给出了产业引导和支撑。教育领域在应用大数据上也会面临大数据产业发展中存在的共同问题：大数据思维亟待培育、大数据人才亟待培养、大数据相关标准亟待制定、大数据法律法规亟待建立。要真正实现教育大数据科学发展，尚需多方努力。

一是要有接纳大数据的态度。政府、教育主管部门、教育机构要强化大数据意识，形成大数据思维，自觉运用大数据思维和技术解决教育问题。

二是要加强大数据系统建设的顶层设计。国家教育主管部门应统筹制定教育大数据系统的规划与建设的规范，为各级政府和教育机构提供大数据集成和共享平台，实现数据的流动、互通和共享。

三是政府要出台相关支持性政策，鼓励研究机构、高等院校、各种社会力量开展教育大数据技术和资源的研发与合作。

四是加强大数据领域人才的培养。我国教育大数据的发展才刚刚起步，人才的缺乏将是一个严重的限制。教育主管部门应尽快将大数据列入高等教育的专业目录，尽快完善本科、研究生完整的人才培养体系。高等学校也应自觉承担起培养大数据专业人才的重任。

教育大数据的应用模式

从在线教育目前的发展可以窥见如下几种应用模式。

模式一：线上线下 O2O 平台。云平台搭建与大数据应用为底层架构，引导学生在线上完成学习过程，并针对每一个具体的环节完整记录，积累大量的多维度的数据素材（学习时长、学习内容、学习频率、学习习惯等）后，分析结果，为老师提供线下个性化学习方案的重要依据。

模式二：在线教育工具类 APP。基于较为单一的学习环节（如作业、题库、背单词、问题解答等）收集学生一部分的学习数据，经过分析后，提供准确的解答结果，解决学生的具体学习需求。此类模式可以部分帮助学生完成个性化学习，但鉴于纯在线环境等因素，较难完成持续性的学习进阶。

模式三：教学评估软件及学校分析平台（校内）。收集包括学习表现、行为表现、性格发展等学生大数据，能让学校的教师和领导更好地掌握、分析以及分享学生表现，以此来改善教学，管理课堂。此类模式的设计更多的是以教师为中心，帮助老师了解学生，调整教学方案，最终使得学校的教学更加系统化。

大数据是实现个性化教育的必由之路。互联网会改变教育行业的价值取向，将单一的以成绩为主导的教育转变为对人个性的全面认可与挖掘，从单一走向多元，再从竞争走向合作。整个原有的金字塔型教育结构全部废弃，转变为“狼牙棒”形态。同时，开挖大数据，建立人格发展的大数据心理模型，对人进行个性化的发展以及长远规划。

人才培养 + 大数据：创新教育模式

陈滢

首席数据官联盟专家组成员，慧科教育研究院院长、集团首席战略官。专注于云计算、大数据、教育和信息技术融合、物联网等领域的研究，在国内外学术期刊和会议上发表论文 60 余篇，获美国和其他国家专利 40 余项，合著有《虚拟化与云计算》等四部云计算书籍。2011 年“江苏省高层次创新创业人才引进计划”引进人才，2012 年南京市首批“321 领军型科技创业人才”。

大数据人才培养现状

大数据概念出现后，受到各国政府、企业和学术界的关注，其作用已经上升到企业战略甚至国家战略。但是，大数据高端人才捉襟见肘，严重制约产业发展。高等院校作为创新人才的主要培养阵地，由于大数据主要概念和技术等都来自于主要互联网企业，教师能力相对短缺，急需相关课程体系、内容和师资。慧科教育率先与北京航空航天大学合作，于 2011 年秋季设置中国首个云计算方向软件工程硕士学位，2012 年又开设中国首个大数据方向的软件工程硕士项目。

大数据产业对人才要求高，既需要有数学统计基础好的数据科学家 (Data

Scientist)，也需要熟悉大数据处理技术的数据架构师 (Data Architect) 和工程师 (Data Engineer)，更需要人才深钻行业，建立洞察力，这样才能够将具体领域的问题经过建模和算法，最终从大数据中产生知识。

因此，大数据人才培养既要有专业基础知识的建立，也要有基于开放和开源理念的校企合作和项目实践。要能够真正做到专业知识能力培养和企业现实问题对接，培养有扎实能力并可持续学习的人才，这对 IT 和大数据这个行业是特别需要的。

大数据人才培养有不同方向，整体上分成两个：大数据技术和大数据分析。前者培养的技能更类似计算机学科的，包括大数据相关算法和系统；后者更注重数学建模和统计分析相关的技能。两者都分别面向专、本、硕等不同层次设计相应体系，其中会共享很多课程。目前，慧科与 IBM、阿里云、百度等建立合作，一同将最先进和具有实战场景的理念、技术和数据等资源打包设计成专业实验室方案，并将企业项目引入课堂，促进专业实习和实践，让理论能真正联系实际，让专业和企业行业真正对接。在教育模式创新方面，慧科一直致力于践行打通线上和线下的混合学习方式，建设了一大批大数据 MOOC 精品课程，学生可以通过高校邦线上学习平台展开线上学习。

创新大数据教育模式

正如其他行业，大数据会给教育带来价值。线上教育的普及为大数据技术的使用奠定了基础。平台可以捕捉学生在平台上的每一次鼠标点击，进一步转化成语义层次更高的任务描述甚至意图 (Intention) 描述，通过大数据分析技术获得有价值信息，这就是学习分析 (Learning Analytics)。目前很多学术界的人也在研究。在慧科教育研究院年度发布的教育技术前瞻 (Utide Vision)2014 年和 2015 年报告中，提到的教育智能 (Education Intelligence，2014 年) 和智慧学习流 (Smart Learning Stream，2015 年) 都和大数据学习分析相关。大数据分析深入揭示学习成果和学习行为之间的各种关系，帮助优化教学过程、了解学生状态、增加学习内容，是实现基于自适应学习 (Adaptive Learning) 的个性化教育的重要机制。目前慧科还在关注和研究在混合学习模式下，如何打通数据收集和分析的线上和线下闭环，从而为翻转课堂等新的教学模式提供大数据分析支持。

在线学习主要的学习任务包括视频观看、在线练习和测试、论坛互动等，每种活动都产生大量数据，需要不同的机器学习算法从数据中提取有价值信息。例如视频观看行为记录学生的观看动作（前进、暂停和回退等），从大量学生动作分析中捕捉到在某个微视频处有大比例的暂停和回退动作。这潜在意味着该视频时间点所对应的知识点可能有教学设计上的不足，进而和老师沟通进行重新设计。

围绕视频大规模的标注和笔记（类似在线影视的弹幕）可以有效对视频进行基于众智的语义标注，方便视频搜索和要点自动生成。也有学者在研究利用贝叶斯统计分析进行同伴评阅 (Peer Review，一种在 MOOC 大规模参与学习者中进行同学互评的方法) 后的机器自动评分和排序；利用聚类分析总结学生在线学习的行为，促进课程和学习路径优化；利用 NLP 等技术在论坛中找到可能辍学的学生；利用回归分析和神经网络等方法获得各种影响学习的参数和学习效果之间的关系。总之，学习分析和教育大数据挖掘可以在很多方面真正帮助优化教学，提升学习效果。用一句话总结大数据对学习的作用：Deep learning deepens learning（深度学习，深化学习）。

结语

大数据是很多企业的战略，而人才则是战略中的战略。目前在市场上大数据人才炙手可热。大数据企业应该更加注重人才培养，注重研发人员的知识更新和迭代。优秀的大数据企业很多都在通过传播知识和对社区的影响建立生态和人才优势。我们愿意和大家一起为大数据人才培养和知识传播共同发力，为中国的大数据事业发展添砖加瓦。

泛娱乐 + 大数据：重新定义粉丝经济

潘锋

首席数据官联盟联合发起人，北京趣美科技有限公司创始人兼 CEO。曾担任北京乐之云文化传媒有限公司副总裁、北京奥米特科技有限公司副总经理，服务过新浪、长城电脑等知名 IT 企业。资深市场战略专家，大数据 + 产业发展的积极推动者，对泛娱乐产业有长期和深入的研究。

泛娱乐产业的现状

大数据是目前最热门的话题之一，泛娱乐也是。大概从 2011 年起，以网络游戏为核心，以影视剧、文学作品、动漫为外延的“泛娱乐”文化概念开始形成，并逐渐成为行业热点，其核心思路就在于 IP(Intellectual Property，知识产权）价值的发掘和重塑。按照目前主流的分类，泛娱乐产业分为以下五个细分领域：游戏、动漫、影视、音乐、文学，如图 2-7 所示。我们注意到衍生品产业变得越来越重要，已成为各细分领域很重要的组成部分。比如，影视制作企业纷纷开展授权合作，涵盖玩具、文具、音像图书出版物、服装鞋帽、家居家具、电子产品、食品、体育用品等几十个品类。

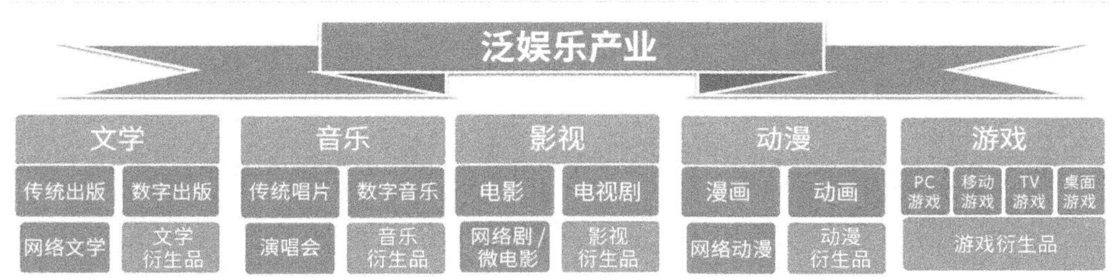

图 2-7 泛娱乐产业的细分领域

“泛娱乐”一词自从 2014 年初被文化部产业报告收录以后，迅速成为互联网发展一大趋势，其中最显著的变化就是 IP 井喷。除了电影 IP、游戏 IP，歌曲、自制剧、工具书的 IP 也锦上添花，让当前整个内容产业看起来异常发达。泛娱乐产业链的核心还是 IP，IP 的发展是整个产业发展的关键，如图 2-8 所示。

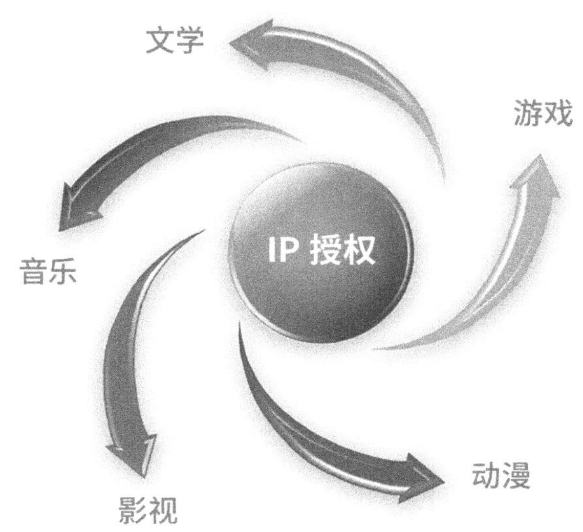

图 2-8 泛娱乐产业链示意图

大数据为泛娱乐带来的影响

大数据在文化娱乐产业中的地位将越来越重要，特别是在 IP 方面。同时大数据在各个细分领域的应用也已经如火如荼展开，主要体现在以下几个方面：

一、通过大数据提升 IP 的开发。通过大数据可以让内容生产精品化、专业化。举例来说，当一部电影还只有一个故事梗概的时候，就帮助出品方通过数据分析找到更好的方向。

二、优化用户体验。比如通过对基于地点的数据进行分析和运用，一部电影可以锁定基于影院周边的家庭用户，用于影院推广亲子活动，提升家庭用户的票房。一个典型的好莱坞动作片通过基于大数据的市场模式被运营为“合家欢”影片，把观影与家庭情感相联系，这让人感到非常新鲜又佩服。

三、精准营销。娱乐产业的核心是 IP。常言道“一千个人心里有一千个林黛玉”，可见这个行业的用户的个性化比其它行业强得多，所以更需要大数据来找到对的用户。

四、粉丝经济。这个行业是真正有粉丝的地方，挖掘粉丝将更有价值。因为这个行业影响的是用户的心理需求，是深层次的。举例来说，某人喜欢张学友的歌，可能一辈子都不会变。但一个人买了小米手机，可能几个月后小米手机又出了一个高配版，于是他又换了这个高配版的小米手机。

另外我们也注意到一个现象，互联网巨头通过大数据越来越深入这个行业，几年前还主要是在游戏领域，现在已经扩展到全领域了。2016 年 5 月份，阿里星球正式上线。它是阿里音乐旗下的一款粉丝互动平台，通过幕后英雄、星球直播、粉丝游乐三个板块对粉丝交互方式具象化，实现艺人和粉丝间的互动。阿里音乐内部名为“天机策”的大数据分析平台就是阿里星球的大脑。借助淘宝、支付宝、高德地图、优酷等阿里巴巴旗下产品每日 5 亿～ 6 亿的日活用户，搜集多个维度的数据，如粉丝数量、教育程度、收入、支付习惯、阅读习惯等，通过这些数据，为明星商业价值的持续开发提供决策依据。华谊兄弟跟腾讯联合推出的“星影联盟”跟阿里星球类似，也是打造明星粉丝互动平台，获取海量数据，为后续影视创作及精准营销提供了基础数据。

泛娱乐大数据应用实践

泛娱乐行业有三个明显的特点：链条长、竞争激烈、成本高。首先，泛娱乐产业的链条很长，不管是游戏、小说、动漫还是影视，都可能跨越三到五个链条，跨越两三年的时间。如何把这些链条掌控好，很考验操盘者的能力；其次，从目前来看，泛娱乐行业已经从几年前的蓝海变成了现在的红海，竞争很激烈。这就决定我们必须要投入相当大的精力；再次，泛娱乐成本不菲，比如目前拍一集网剧的成本就高达数百万人民币，拍一部好的电视剧动辄投资过亿。所以要做好泛娱乐是需要花费大量的时间、精力和金钱的。

那么，如何才能把控好风险，推出最受用户欢迎的作品呢？这时候大数据的作用就凸显出来了——给用户画像，看看最终为我们作品买单的用户都有些什么标签：性别、年龄、喜好、活跃度、付费意愿、群体规模，等等。有了这些数据统计，就能去发现极具成长价值的IP。同时，泛娱乐的核心就是粉丝运营，在粉丝运营的过程中，只有依靠大数据的支持，才能做到有的放矢。

目前在中国的电影投资中，50%亏损，40%持平，仅有10%左右盈利，所以竞争是很激烈的。要在红海中胜出就得运用先进的手段。比如《小时代》之所以能取得成功，其背后的大数据起到很大作用。他们先是分析了郭敬明的粉丝和《小时代》小说的受众，通过数据发掘描摹出一个基本的画像：女性为主体受众，在地域分布上偏南方，黄河以南省份占70%以上，年龄主要集中在90后；受众兴趣爱好偏娱乐化，对品牌的调性尤为在意迪奥、三叶草和宝马；热衷网购，尤其对潮流、时尚的女性购物社区尤为关注，从她们关注的APP也可以看出她们爱美、爱分享的特质。大数据精准用户画像出来后，《小时代》电影的内容、角色、排片甚至广告植入都有了一个基本的参考。此外，在营销推广的过程中也充分发挥了大数据的作用：跟踪观众最喜欢的桥段，策划了“青春不散场”等主题活动，效果不错。《小时代》与美剧《纸牌屋》有异曲同工之妙，都成功地做到了C2B（消费者到企业），即由用户需求决定生产。

除了影视方面，游戏行业应该是大数据应用最广泛和深入的一个细分领域了。大数据可以帮助企业了解各地玩家的不同喜好，前瞻性地把握市场需求变化。依据这些数据，具体市场具体分析，采用不同的运营手段来打入市场，从而实现在不同的地区，采用切合用户需求的不同的形象、玩法和市场推广手段。

动漫产业经多年发展，内容已逐步多元化，涉及动漫图书、报刊、电影、电视、音像制品、舞台剧及动漫衍生产品等多个种类。而大数据分析可以应用到整个动漫产业链的全过程：从动漫立项、IP评估、市场分析、虚拟人物评估，一直到周边衍生品评估、精准营销等。例如，2015年，一部技惊四座的国产动漫大片《大圣归来》在充分利用大数据分析受众的基础上，做到了立意新颖，情节感人，画质精美，营销精准，最后以1亿元投资获得了9.56亿元票房的高额回报，使得国民重拾对国产动漫的信心。

在大数据时代，数据也成为了音乐公司手中的利器。例如，通过统计粉丝的听歌习惯、分布地区，就可以精准推送演唱会信息；通过计算特定时刻下用户想要听的歌曲类型，就能在正确的时间把正确的音乐及时送到正确的听众耳边；过去判断一首歌是否会流行或者一个歌手是否能走红，更多的是靠莫名奇妙的直觉，而现在完全可以通过数据的收集、整理、分析来加以判断。

在文学领域，大数据技术能够让优质内容的创作效率更高。例如，通过大数据分析 95 后女生的阅读行为，我们就可以知道她们最喜欢书中什么类型的情节，从而有针对性地进行创作。而在创作的过程当中，又可以根据读者的反馈不断地进行调整和修正。再比如于正现象，《宫锁心玉》《宫锁珠帘》《宫锁沉香》《宫锁连城》都取得了不俗的成绩，数据分析在其创作中起了很大作用。

泛娱乐产业应用大数据面临的最大挑战在于如何将大数据与艺术创作有机地结合起来，让艺术家认同，并能很好地去应用大数据，这样才能在这个行业深入应用下去，不然只能停留在粉丝、舆情、营销等浅层应用。这个行业的核心还是 IP，那是个艺术的事，但目前看路还很长。比如，著名作家严歌苓提到，自己的写作习惯让她做不成网络作家，如果贴上去几万字，让读者给出建议，像她这种意识脆弱的人一定会受到巨大影响，进而影响到写作状态。阿里音乐集团前往董事长高晓松也曾在 2015 年公开宣称“大数据是我们娱乐业不太认同的东西”。环球音乐集团数字部副总裁 Paul Gathercole 曾表示：“数据本身并不是挑战。真正的挑战是，面对众多数据的时候，一个团体该如何及时做好准备，并充分利用好这些数据。”

大数据应用在泛娱乐产业的前景

大数据服务在泛娱乐产业链中起到的只是辅助决策和协助运营的作用。数据分析和挖掘是协助到运营开发团队精细化运营使用的，在项目的前、中、后期均可有效利用。尤其当行业竞争越来越激烈的时候，更需要不断地通过数据分析去调整我们产品的细节，切合用户真正的需求，创造出真正受粉丝热爱的作品。泛娱乐行业爆发式增长已经不复存在，数据化运营将会成为新的增长引擎。通过大数据的分析，在不断提升用户体验和产品的质量的前提下，泛娱乐行业必将迎来新的一春，因此大数据应用在泛娱乐产业链中可谓前景无限。

当然，我们也要看到，大数据只是帮助泛娱乐产业实现转型升级的工具，它绝不是万能的，不能夸大它的作用。比如电影《富春山居图》虽然集合了穿越、爱情、动作、玄幻等诸多观众青睐的元素，表面上看起来是基于海量数据，对观众的观影心态和消费习惯做了详尽的分析和把握，但由于对这些元素的整合缺乏艺术性，电影本身的品质一般，票房也就不尽人意。另外，就像前面提到的有不俗票房成绩的电影《小时代》系列，虽然通过大数据的应用，在内容创作和精准营销方面做得很到位，但其艺术成就很难比肩其他佳作。所以，大数据在泛娱乐产业中的应用一定要有机地结合，不能生搬硬套。

总而言之，大数据最终都要为“人”服务。大数据新业态代表的创新理念要和传统行业长期孕育的工匠精神相结合，推动虚拟世界与现实世界融合发展，通过共享经济模式，重塑产业链、供应链和价值链，促进新动能蓬勃发展，传统动能焕发生机，打造中国经济“双引擎”，实现“双中高”。

11 金融 + 大数据：风险管理数据化

高强

首席数据官联盟专家组成员，法海风控创始人兼 CEO，清华大学数据科学研究院项目导师，元界研究院创始人，蔚蓝网络书店创始人，中国服务创新研究小组副组长。专长于金融风控、人工智能、大规模数据高精度清洗、智能文摘。在中小企业风险管理、银行信贷风险管理、大数据动态征信、涉诉大数据领域有丰富的实践经验。毕业于清华大学经济管理学院，管理学博士。

传统金融机构风控面临的挑战

目前传统金融行业不仅面临利率市场化、同业监管趋紧、互联网金融冲击等经营环境变化的考验，不良猛增、存款分流、净利润增速下滑等问题也接踵而来。如何面对这些变革和挑战，将决定我国金融业未来 5 ～ 10 年的发展态势。

1. 传统银行业务盈利能力显著下降

利率市场化进程已进入深水区，息差拐点隐现，传统银行业务盈利能力显著下降。

我国利率市场化改革已经接近尾声。继 2013 年 7 月央行取消贷款利率下限实现贷款利率完全市场化后，一年期以上（不含一年期）定期存款的利率浮动上限也正式放开。目前我国将迈入利率完全市场化时代。从国际经验来看，多数国家在实行利率市场化之后的几年间内出现利差收窄、银行的盈利能力下降的现象，行业集中度增强。随着利率市场化进程进入深水区，社会资金脱媒的态势不断加强，银行业存款流失加重，将迫使银行提高存款利率水平以稳定资金来源，银行业整体息差持续缩窄仍将持续，银行传统高资本消耗增长模式难以为继。

2. 信贷资产质量进入下降通道

宏观经济仍存下行压力，信贷资产质量进入下降通道，金融风险不容忽视。

由于我国依靠投资和出口来拉动经济增长的模式已经无法持续，近年来我国经济下行压力不断加大，GDP 增速放缓。

经济周期处于高增长阶段是高收益资产供给的必要条件。我国实体经济的下行压力依然很大，较受关注的地方融资平台、房地产和钢铁、水泥、电解铝、平板玻璃和船舶等产能过剩行业的信贷资产质量进入下降通道，信贷资产质量管控的压力越来越大，局部性和区域性金融风险有所显现，商业银行不良贷款余额和不良率持续上行。

3. 金融业传统盈利基础面临挑战

企业负债持续处于高位，间接融资对客户吸引力下降，金融业传统盈利基础面临挑战。

由于我国企业的收入和利润增长乏力，企业负债持续处于高位，导致融资需求大幅下降。也就是说企业不得不加大去杠杆的力度，间接融资对客户吸引力持续下降。在融资层面上，表现为净融资增速乏力，企业中长期贷款下降。从微观来看，以商业银行为主的金融机构可投资的高收益长期限资产（主要是类固定收益的资产）在变少，金融业传统盈利基础面临挑战。

4. 金融业竞争格局正在重构

互联网金融冲击加剧，新型金融业态兴起，金融业竞争格局正在重构。

当前，互联网金融对传统金融的冲击主要在于互联网技术的渗透在显著提升金融服务效率的同时，改写了金融交易规则和组织形式。金融分工和专业化色彩被淡化，金融交易脱媒，具体冲击表现在四个方面：一是价格市场化，如“宝宝”们大幅加快了存款利率市场化的步伐，P2P（指不同的网络节点之间的小额借贷交易，一般指个人，需要借助电子商务专业网络平台帮助借贷双方确立借贷关系并完成相关交易手续）促进了贷款利率的市场化进程；二是产品长尾化，传统金融投资、融资均有较高的门槛，而互联网金融发挥客户、信息优势，将传统金融产品标准细分，降低门槛，满足互联网用户的长尾特征；三是渠道多元化，传统金融市场渠道为王，银行渠道尤为强势，而互联网为缺乏渠道的非银行金融机构（如基金、保险等）提供了新的渠道；四是风险管理数据化，大数据改变了金融体系中原有的信贷评级框架和风险管理体系。互联网银行、互联网消费金融公司、金融租赁公司等新型金融业态蓬勃兴起，在丰富金融机构类型、满足不同群体金融需求的同时，不仅大量分流银行业务，对银行传统的经营理念和业务模式造成了冲击，而且金融与非金融之间的界线也会变得越来越模糊，金融业的竞争格局正在快速重构。

综合来看，我国经济的结构性改革对金融服务数量和质量，对金融市场的广度和深度，对金融机构的风险管理能力都提出了更高的要求。经济转型需要金融机构的服务重心下沉，要求金融更多去支持创新创业。企业经营模式变化需要金融机构调整业务重点，未来要更多地为创新创业提供股权融资服务，为企业“走出去”提供包括信贷、避险、资产管理等在内的全方位、全过程金融服务，为实体经济转型升级提供跨市场的综合性金融服务。在“三期叠加”的宏观经济新常态下，银行依靠规模高速扩张的发展方式难以为继，金融业的发展模式必须由外延式发展向内涵式发展转变，从追求规模扩张转向追求效率提升，从同质竞争走向差异化竞争，从单一服务功能转向综合服务功能。

传统风控的现状

何为风控？字面含义就是对于风险的控制，从而使财务不受到损失。对于任何一家金融机构（包括银行、小贷、P2P 等）来说，风控的重要性超过流量、体验、品牌这些人们熟悉的指标。风控做得好与坏直接决定了一家公司的生与死，而且其试错成本是无穷大的，往往一旦发现风控出了问题的时候就已经无法挽回了。现在大范围的 P2P 平台已经倒闭。这其中除了一部分明显的自融欺诈外，大多数平台垮掉的原因还是风控不过关。

从银行类金融机构和非银行金融机构的两种业务模式来看，事实上，过去市场的风控一般也就是这两种模式：

一种是以银行为代表的信贷化模式。它的本质是通过制度安排，利用中介机构的规模优势和期限错配，让风险在经济运行的长周期中被化解。这种制度安排其实是银行能活下来的根本原因。总体而言，当银行达到一定规模后，个人能力在银行体系内不再起主导作用，会不断分化和瓦解。也只有如此，银行才能稳定地发展到一定规模，凡是依赖个人能力的商业模式都是无法持续扩张的。

另一种就是证券化模式。证券化的本质是让核心风险在市场中寻求自我定价和平衡，最终让风险在不同的市场主体之间转移。证券化不是承担风险，而是让风险通过市场得到合理的配置。采用证券化模式的机构最终比拼的是风险定价能力，而并非承担风险的能力。

这两种模式各有利弊。我国是典型的信贷化主导的国家，信贷规模全球第一。这种间接融资占主导性地位的优点，是政府在经济活动中具备极强的控制力，而且在有效计算信贷总量的情况下，也可以有效防止发生系统性风险。缺点是因为无法通过证券化来分解和分摊风险，有可能会被倒逼产生极大的系统性风险。总体归纳，信贷化模式是总量可测下的风险不确定性。

证券化的优点，是让风险在自我承担和自我定价中不断分解和暴露。但由于证券化是个风险流动的过程，会因为各种原因导致风险在市场中出现总量不可测量的情况。如果市场堆积了太多的风险，而又无法进行测定，一方面会加剧投机成分，一方面则会形成比信贷化模式更可怕的风险。因为每个主体都可能承担了超越自我承受能力的风险，最终形成的风险会更高。

大数据风控的特点

所谓大数据，即是从各类各样的数据中抽取对目标客户最有价值的数据。掌握了大数据，可以大大降低平台的风控成本，并且提高风控效率，降低不良率。

互联网大数据可以搜索、提供每个相关企业与个人庞大的、碎片化的、种类繁多的信息。这里面包括政府门户、第三方权威机构公开覆盖的企业多维度信息（司法涉诉、工商信息、税务等）、个人用户提交的电子化信息（如身份证、营业执照、房产证、学历证、工资单、社保、银行流水等）、重点第三方网站的查询信息（如环保、招聘、新闻传媒等），还包括了海量的互联网碎片数据，如用户的电商交易信息、微博等社交网络数据、百度搜索引擎数据等。说到底，得数据者得天下。目前互联网技术的渗透在不断显著提升金融服务效率，并日益改写金融交易规则和组织形式。风险管理数据化，大数据潜移默化地改变着金融体系中原有的信贷评级框架和风险管理体系。

目前市场的大数据风控系统现状是：大公司通过大数据挖掘，自建信用评级系统；小公司通过信息分享，借助第三方获得信用评级咨询服务。

已有的风控大致分为两种模式，一种是类似于阿里的风控模式，他们通过自身系统大量的电商交易以及支付信息数据建立了封闭系统的信用评级和风控模型；另外一种则是众多中小互联网金融公司通过贡献数据给一个中间征信机构，再分享征信信息。

那么，哪些数据才是风控所需的呢？

1. 权威机构第三方发布的数据

工商、税务、司法、环保等多部委在其门户网站发布的权威的数据，包括工商照面的信息、税务缴纳记录、司法审判结果、环保不合规的信息等，从正面直面企业的不良记录。

2. 信贷记录大数据

小贷类网站积累的信贷大数据包括信贷额度、违约记录等等。但单一企业缺陷在于数据的数量级别低和地域性太强。还有部分小贷网站平台通过线下采集数据转移到线上的方式来完善信用数据。这些特点决定了如果单兵作战，他们必定付出巨大成本。因此，贡献数据、共享数据的模式正逐步被认可，抱团取暖胜过单打独斗。

3. 电商大数据

电商平台能够累积大量的交易信息，可作为信用评级参考的原材料。

阿里金融是利用电商大数据进行风控的领头羊，在很多行业人士还在云里雾里的时候，阿里已经建立了相对完善的大数据挖掘系统。通过阿里巴巴、淘宝、天猫、支付宝等积累的大量交易支付数据作为最基本的数据原料，再加上卖家提供的销售数据、银行流水、水电缴纳等情况作为辅助数据原料。所有信息汇总后，将数值输入网络行为评分模型，进行信用评级。

4. 社交网站大数据

社交大数据是风控大数据的一个重要组成部分。通过社交人际网络关系数据和生活圈中其他如水电煤缴费信息、信用卡还款信息、支付和交易信息等，可以多方面地反映出用户的习惯偏好、价值取向、人际交往、信誉度和活跃度等信息。

大数据的海量也就意味着对数据的理解和对有效数据的挑选非常重要，并非所有数据都是风控有用信息。要选取哪些数据原料进行挖掘，什么数据才是金融风控真正所需的，对数据的类型和实效性都要有所考量。

如今，大数据风控方兴未艾，也伴随着一些泡沫，但只要它朝着健康的方向发展，未来已来。大数据的相关理论与分析方法很好地弥补了数据获得的时间连续性、数据的地理位置分布、数据样本的覆盖程度等传统分析方法中的不足，其精准度更高、覆盖面更广和响应速度更快的特点，运用到风险防控中大有裨益。

数据安全的保障

大数据安全分析的核心目标是找到隐藏在数据背后的安全真相。数据之间存在着关联，传统分析无法将海量数据汇总。但是大数据技术能够应对海量数据的分析需求。通过大数据基础能够挖掘出 APT 攻击、内网隐秘通道、异常用户行为等安全事件。在此基础上可建设为安全决策支持系统，为安全决策提供数据支撑。

确保大数据的安全主要需完成以下三点任务：

1. 数据防篡改

数据加密确保数据真实性，防止被人肆意篡改。

数据的真实性是未来通过大数据来提供安全策略的重要保障。只有信息是真实的，才能真正地给未来的网络安全提供可靠的信息支持。一旦这个信息被篡改成其他的信息，或者更危险的被篡改成病毒木马，这样不但可能造成提供信息的无效，还有可能导致信息数据直接成为安全的威胁。一旦这个问题解决不了，未来想通过大数据来提供数据安全服务都是空谈。

2. 数据防破坏

数据备份恢复，防止破坏。

对于数据的破坏行为，随着技术的发展，网络威胁或许会逐渐成为数据破坏的主因，但是就整体而言，数据的破坏行为大多是由误操作造成的。因为随着 IT 技术的发展，对于从正面的进攻来达到破坏效果，虽然技术上的难度在大数据的支持下并不大，但过于明目张胆和粗暴，容易被将来的网络警察和系统自带的安全体系反追踪和袭击，对于攻击者本身来说风险很大。

3. 数据传输通信安全

传输通信加密和身份认证，防止数据在传输过程中被人篡改和窃取。

在谈数据加密时，已经谈到了被篡改的数据对大数据安全策略建立的危害性。其实这种篡改行为除了在数据本身进行防护之外，在数据的传输过程中同样也需要保护。在大数据时代，不通过网络来实现云技术大数据的集合处理几乎是不可能的，或者说不通过网络集合的大数据是不完整的、不及时的，所提供的安全策略不是最完整、最新鲜的，自然地通过大数据提供的安全策略的效果也不能达到最完美。

大数据技术构建风控系统

风控系统实现有以下几种方案。

1. 数据库方案：将风险规则、交易数据等都采用关系数据库存放。正如支付系统、风控系统建设思考所提到的方案，交易库和风险库一般分别部署在不同的服务器上，在事件触发上可以采用数据库触发器、消息队列事件等方案。此种方案技术实现相对简单，但在进行海量交易数据查询以及大量风险规则处理的时候，数据库系统查询性能及扩展性成为一个较大的瓶颈，很难满足风险事件实时分析的要求。

2. 内存数据库方案：由于对海量交易数据的查询、分析极其消耗数据库资源，可以采用内存数据库方案来替代关系数据库，保证风险事件实时处理的性能。但目前开源的内存数据库中，VoltDB（一个内存数据库，提供了 NoSQL 数据库的可伸缩性和传统关系数据库系统的 ACID 一致性）、H2（Thomas Mueller 提供的一个开源的、纯 Java 实现的关系数据库）、MonetDB（一个开源的面向列的数据库管理系统，MonetDB 被设计用来为较大规模数据，如几百万行和数百列的数据库表，提供高性能查询的支持）、FastDb（一个 c++ 接口的开源内存实时数据库）、Berkeley DB（一个开源的文件数据库，介于关系数据库与内存数据库之间，使用方式与内存数据库类似，它提供的是一系列直接访问数据库的函数，而不是像关系数据库那样需要网络通信、SQL 解析等步骤）、SQLite，（一款轻型的数据库，是遵守 ACID 的关系型数据库管理系统，它包含在一个相对小的 C 库中）等在大规模的业务场合应用的成熟度尚待考察，而 Oracle TimesTen（内存数据库，就是将数据放在内存中直接操作的数据库）、MCObject eXtremeDB（ MCObject——美国麦科捷科技有限公司，eXtremeDB 是其所创建的内存数据库系统。eXtremeDB 内存嵌入式实时数据库以其高性能、低开销、稳定可靠的极速实时数据管理能力在嵌入式数据管理领域及服务器实时数据管理领域独领风骚）、Altibase（是完全标准化的关系型商业数据库，能够最大限度的提高搜索速度）价格太高。

3. 分布式缓存方案：采用 Memcached（一个高性能的分布式内存对象缓存系统，用于动态 Web 应用以减轻数据库负载）等 NoSQL 的分布式缓存来缓存交易数据、风险规则等。但由于 NoSQL 解决方案并不擅长数据间的关系逻辑处理，需要在程序中大量维护业务处理逻辑，远不如关系数据库或内存数据库方案方便。

以上方案，都可以通过规则引擎（例如 Drools）来完成风险规则的管理和维护，避免了风险规则维护的繁琐及规则间复杂关系处理。

Complex Event Processing（复杂事件处理）是一种新兴的基于事件流的技术。它将系统数据看作不同类型的事件，通过分析事件间的关系，建立不同的事件关系序列库，利用过滤、关联、聚合等技术，最终由简单事件产生高级事件或商业流程。它适合的场景包括实时风险管理、实时交易分析、网络诈欺、网络攻击、市场趋势分析等。

运营商 + 大数据：打造全触点社会

姜欣

首席数据官联盟专家组成员，华为资深产品专家。曾先后服务于中国移动、华为等多家知名企业，十多年互联网网络产品及数据产品从业经历，曾主导研发多套互联网网络产品，拥有十多项专利。

运营商数据资产的优势

运营商拥有海量的数据资产，从总体看，其数据分为三个域：B 域数据、O 域数据和 M 域数据。

O 域数据产生于运营商的 DPI（深度包解析）系统、网络设备、网管系统、资管系统、信令监测系统等。其中 DPI 系统能够获取全量互联网访问行为，结合爬虫系统能够为用户刻画出精准的画像模型。同时，运营商基于 LAC（Location Area Code，在移动通信系统中叫作位置区编码）/CI（网络运营商叫作小区识别）和 MR（Measmcement Report，系统侧采集）能够获得连续性非常好的人群流量信息。运营商位置信息在个人征信、精准营销、客流监控、商圈价值评估、店铺选址等领域都有重要的应用价值。

B 域数据主要为经营分析数据，产生于计费系统、经营分析系统、客户关系管理（CRM）、业务运营支撑系统（BOSS）、增值业务综合运营平台等系统。

M 域数据主要产生于 ERP（Enterprise Resource Planning，企业资源计划）、办公自动化（OA）及财务相关系统等。

此外，未来运营商还有一个潜在的海量级数据来源：IOT（物联网）。随着移动互联网和物联网的发展，IOT 未来将是一个千亿级别的连接量级。IOT 流量和数据的承载大多也是基于运营商网络。

和互联网公司相比，运营商的数据优势主要体现在如下两个方面：

1. 数据完整，数据维度多元。运营商拥有的是用户全量的互联网访问行为、通信行为、位置、消费能力（狭义的通信 ARPU 值）等数据，互联网公司只能获得各自生态体系内的网站、APP 的访问数据。

2. 数据的连通性好。以手机用户为例，运营商能够实现用户手机号、IMEI（国际移动设备身份码）、MAC（Media Access Control，媒体访问控制）地址、IDFA（苹果设备号）、Android ID 甚至应用账号的统一关联。目前互联网公司在数据完整性构建上遇到的最大问题是，同一个用户的不同 ID 关联不同的数据孤岛，无法将同一个用户的所有数据关联起来。

运营商大数据应用实践

从总体趋势上来看，电信产业已完成人口红利模式的发展阶段，正在向流量红利模式和数据红利模式转型。电信运营商基于大数据转型将成为一种趋势，海量数据资产将会成为运营商的下一个“金矿”。

运营商在数据资产的应用方向上有两个层面：一是对内，包括自有业务的精准营销、客户维系、网络优化和投资效益提升等；二是对外应用，其目的是通过数据思维和数据资产帮助其他行业提升运行效率。

其实，海外运营商在大数据对外应用领域已经有了一些尝试和探索。比如，Telefonica（西班牙电话公司）利用位置信息开发的产品 Smart-Steps（基于手机信令的产品）在英国和巴西开展城市规划，与 Morrison（英国第四大零售连锁店）合作进行店铺选址；Verizon（威瑞森电信）通过聚合数据开展互联网广告营销业务，可以为机构、品牌和渠道合作伙伴提供精准目标受众定位的广告解决方案；Docomo（日本电信电话公司）与日本最大的仪器生产商欧姆龙合作开发的产品 healthcare，可以通过医疗手环监测用户身体状况，通过将监测到的客户数据传回 MedicalBrain 平台，对客户进行健康分析，并反馈健康建议报告。

而在国内，三大运营商也都在积极研究和部署，目前在互联网广告、互联网金融、位置洞察等领域均有尝试。

互联网广告领域，运营商的步伐相对较快。随着大数据在互联网广告中的广泛应用，互联网广告已经从大规模"撒网式"的投放模式转变为以 RTB（实时竞价）为代表的自动化精准投放模式。所谓精准投放可以简单理解为，不同用户在不同时间访问同一个网页，在网页上的广告都是不同的，这个特定的广告内容是基于对用户访问记录挖掘后，针对用户近期的喜好与特定广告主的投放主题进行匹配后投放的个性化广告。运营商数据能够帮助广告平台更高效率匹配广告主的获客需求，同时减少垃圾广告对用户的打扰，能更好地为用户服务，提高用户的互联网应用体验。

互联网金融领域，其对外应用覆盖的范围比较大，包括个人征信、企业征信、互联网保险、消费金融、P2P 等各类业务。其中商业化程度比较高的是个人征信领域，产品形态大多以信息验真的方式提供，帮助银行和征信机构健全个人风控体系。国内互联网金融发展的一大难题就是信用体系不健全，而运营商的数据资产是信用体系的一个很好补充。在这个领域之中，各运营商的集团公司和省公司都在积极探索各类模式，比如联通与招商银行成立的"招联消费金融有限公司"，中国移动在 2015 年下半年也与招商银行启动征信合资公司的筹备工作，各运营商省级公司层面也都在积极探索，合作伙伴包括国有银行、央行确定的首批 8 家个人征信牌照机构通知对象以及 FICO（美国个人消费信用评估公司）等国际机构等。

位置洞察领域，基于位置的应用领域比较广泛，大致分为两类，一类是政府性质的合作，比如旅游景点的人流监控（防踩踏等）、城市规划、交通流量实时监控、防汛等；另一类是商业化的运作，包括店铺选址、户外媒体的价值评估、线下购物广场的导流及营销等。

运营商大数据产品开发

运营商在规划、开发并运营大数据对外应用产品之前，一般在如下几个方面提前准备。

第一，实现全域数据的整合。运营商的数据资产分布在不同部门管辖的不同源系统中，关联的数据源系统数量多、数据体量大、数据格式复杂。运营商需要建设企业级的大数据平台，实现全量数据资源的统一接入和管理。目前，国内大多运营商的省级公司都已搭建了省级的大数据平台，在一定程度上实现了数据的统一管理。

第二，构建支撑大数据对外应用的基础组件能力。在计算和存储层面，大多基于历史数据以及静态数据的标签类、信息验真类的变现产品通过 Hadoop（分布系统基础架构）的批处理架构就能够实现。但是随着产品的演进，基于位置行为、通信行为和互联网行为触发的实时计算能力的需求会不断增加。此时需要运营商的大数据架构具备数据的实时流处理能力，此时需要引入 Flume（日志收集系统）、Kafka（一种高吞吐量的分布式发布订阅消息系统，它可以处理消费者规模的网站中的所有动作流数据）、Storm（为分布式实时计算提供了一组通用原语，可被用于“流处理”之中，实时处理消息并更新数据库）或 Spark Streaming（构建在 Spark 上处理 Stream 数据的框架，基本的原理是将 Stream 数据分成小的时间片断，如几秒，以类似 batch 批量处理的方式来处理这小部分数据）等相关能力。同时，在大数据的数据挖掘及分析层面，数据挖掘、客户标签体系等能力组件的构建都是必要的支撑基础。此外，为了更好地实现数据能力的开放，需要大数据平台能够实现基于多租户的 PaaS（Platform-as-a-Service 的缩写，平台即服务）能力，统一的能力开放平台和标准化的数据开放 API（Application Programming Interface，应用程序编程接口）接口也是必不可少的。

第三，对外应用产品的设计与规划。国内各运营商的大数据对外应用产品目前还处于探索阶段，产品、商业模式、价格体系、数据交换方式等各方面还有待进一步验证。为更好地支撑市场需求，产品的开发及运营模式也在借鉴互联网的敏捷开发与产品快速迭代模式。但同时也带来另一个问题，即兼具互联网产品开发、运营经验及对大数据产品 / 技术有深刻理解的人才也是运营商需要重点补齐的一块短板。

第四，组织架构的统一沟通。首先，运营商在数据源整合阶段就会遇到部门墙的问题，这需要运营商高层领导的关注和推动。当然这也不只是运营商会碰到的问题，业界的大多企业都会遇到类似的困境；其次，大数据对外应用业务的开展会涉及运营商内部不同部门的分工协作，比如 IT 支撑部门、产品规划部门、市场拓展部门、源数据提供部门等，需要建立协同的工作机制。不少运营商也尝试设立独立的部门，比如西班牙电信在 2014 年年初成立了专门的数据变现业务部门 Telefonica Digital（西班牙电信数字)。

第五，数据对外应用涉及的用户隐私问题。对外提供的数据变现产品要满足国家及行业的对个人隐私要求的相关规定，比如工信部 2013 年第 24 号令《电信和互联网用户个人信息保护规定》，依据相关规定做好数据脱敏工作，同时在技术上和机制上做好信息安全和用户隐私的防范措施。比如运营商在向国有银行机构提供信用相关数据时，一般采用两种用户的授权方式：一种方式是在银行获得用户授权条件下，通过技术手段将该授权信息同步给运营商；另外一种是国有银行在向运营商调用用户信息时，运营商会向客户征询意见，只有在用户同意的条件下才会将客户信息开放给国有银行。

未来，运营商数据变现需要构建一个生态。运营商数据变现的产品需求方来自于不同行业，运营商不可能对所有行业都有深入了解，不可能独自开发运营所有数据变现产品。运营商需要面对不同行业，针对不同层面的合作伙伴，包括 ISV（独立软件开发商）/DSV（交付服务合作伙伴）、数据变现产品需求方、其他领域数据拥有方等，共同构建这个生态圈，深入挖掘运营商数据价值，帮助各行业提升它们的运行效率。

此外，国内信息孤岛问题比较严重，一定程度上阻碍了大数据应用的发展。国务院在 2015 年 8 月印发了《促进大数据发展行动纲要》，提出“大力推动政府信息系统和公共数据互联开放共享，加快政府信息平台整合，消除信息孤岛，推进数据资源向社会开放，增强政府公信力，引导社会发展，服务公众企业”。运营商基于其企业性质，对于政府和企业都有一定的背书。是否可以基于运营商的大数据平台导入其他行业数据，共同实现数据价值的挖掘和开放，也是一个值得去探索的方向。

13 电商＋大数据：迈向精细和个性化服务

杨明刚

首席数据官联盟专家组成员，北京大学电子政务研究院副院长、研究员，北京大学博雅数据研究中心主任，中国电子商务协会标准化工作委员会 / 中国电子商务产业联盟常务副秘书长，多家政府、企事业单位、金融等机构的电子政务、大数据应用、电子商务专家顾问，曾任北大天网搜索副总裁等。

数据驱动的电商

目前电商行业都在讲的“数据驱动”，是指对数据的综合处理以及应用所产生的分析结果能够提升行业管理的决策水平，有力推动行业的发展。从这个意义上讲，对数据价值的开发和利用已经成为驱动行业发展的重要推动力。大数据分析无论在政府管理、公共服务以及商业应用方面已经显露出其巨大的力量。作为新兴的消费形态、现代信息消费和现代服务业的重要业态，电商业更是最早利用大数据的分析处理技术更精准地发现潜在客户以及消费需求的行业，提升商业效率。从某种意义上说，对数据的加工和数据价值的发现是数据所蕴含的力量，它不仅能推动行业的发展，更能对整个社会决策和管理水平的提升带来强大的推动作用。因此，“数据驱动电商”与“数据驱动中国”或“数据让社会更美好”所表达的思想是一脉相承的。

电商数据的现状

目前，对电商数据的分析利用还较多集中在一些大的电商平台运营上。因为电商数据主要集中在一些电商平台手中，这些数据的积累可能经过了相当的一段时间，并且可能为此付出了高昂的平台运营以及数据采集成本。一些行业机构通过社会数据和相关管道可能也能获得一些电商运营数据，但在电商数据的获取时效和数量占有方面都明显处于劣势，依托这些数据所做出的各类分析也很可能带有相当的片面性，这与他们占有的数据样本和电商数据的样本颗粒度大小有关。

电商在收集与积累数据的过程中会存在一些障碍。首先，电商大数据所需要的海量数据基本都集中在电商平台上，这些平台分属不同的商业机构。而且电商数据作为电商平台的商业机密，存在必然的数据搜集所有权障碍；其次，电商数据的个人隐私边界问题也是制约电商数据搜集的重要障碍。电商数据搜集应该在有效保护用户的隐私条件下进行，确保隐私信息在用户并不知情的情况下不被非法利用，避免对用户的隐私权造成侵害。对电商平台来说，对这些数据的存储和分析将能很好地指导和帮助市场经营及决策，提升客户满意度，增加市场机会。

数据的整合与应用

数据收集之后，整合是一个重要的问题。其难点在于建立适用的、灵活的数学模型，以发挥每个数据集的效用，确保每类元数据都能有效地被利用和被分析，提升大数据分析的准确性和客观性。为确保某个行业问题分析的准确性，仅有互联网数据远远不够，还需要与一定量级的内部业务数据进行结合。这里的难点在于，如何建立分析模型，将传统的经验判断进行总结归纳并形成数字评估体系或数学模型。

行业管理专家与大数据建模专家的紧密合作决定着大数据应用和分析的成败，并且，任何意图垄断或号称适用于所有行业的大数据分析模型或是挖掘模型都可能是荒谬的，经不起检验。所有大数据技术提供机构或应用机构应当回归到对数据和业务本身的尊重上来。

精细服务和个性化服务是现代服务业的重要标志。通过大数据支持，可以寻找到更合适的客户服务模型，更有针对性地满足每个消费者的潜在需求。例如，客户是电商的一个重要模块。对客服中心而言，建立以业务、客户关系为核心的知识库和建立能够自我学习的知识模型体系能有效提升客户满意度，增强机构的生存能力和危机应对能力。

电商可能是目前大数据应用最成熟的行业之一。但是，对电商线下的支持环境及其产品和服务的品质监控依然是电商业的诸多短板之一。通过对互联网数据以及线下的某些电商支持体系的信息的采集，然后建立某种现实的分析模型，可能是解决电商供应链“最后一公里”和“最先一公里”难题的根本出路。大数据在电商线下支持体系的服务监管方面的应用可能是目前最迫切的电商大数据应用。电商线下的服务品质决定着电商服务业供给侧改革的成败。

营销同样是大数据应用的重要场景。精细化营销和精准营销需要事先掌握并了解用户群体的准确需求，如此才能更有针对性地将服务和产品推动给客户。因此，用大数据为服务人群进行准确定位和画像就成为精准营销的基础。只有掌握了更确切的市场及用户人群分布等特征信息，才能让广告投放更为精准，更为有效，同时让目标用户或有价值用户更为及时、方便地找到所需的产品和服务。

除了商业应用，大数据还有更广阔的空间。大数据为政府职能转变、社会管理能力和公共服务水平的提升等方面提供了巨大的支撑，在智慧政务、智慧城市、智慧民生等信息化应用方面将发挥极其重要的作用。

数据开放融合：传统企业实现开源节流

李学辉

首席数据官联盟专家组成员，海通安恒大数据事业部大数据总监。曾先后任职于毕博、普华永道、西门子、ABB、博南石等多家世界知名企业，具有丰富的海外项目经验及本土管理咨询经验，负责企业管理咨询、企业信息化战略规划、商业智能、大数据、数据挖掘等多个领域，是资深的大数据领域专家，也是大数据及互联网 + 产业发展的积极推动者。

数据开放融合实现“大数据 + 产业”

“大数据 + 产业”，通俗点说就是传统行业（企业）怎么利用大数据实现开源节流。中国经济目前是看房地产的脸色，主要问题其实还是制造业等传统产业的低迷，特定产业的上中下游数据基本都割裂。如果通过大数据把产业链的上下游数据打通，前后数据形成遥相呼应，将刚性制造转为柔性制造，将“以产定销”转为“以销定产”，将供应链突破到生态链以及产业链，将产品的市场口碑反馈收集分析结果反向驱动原材料采购端，再将现在流行的物联网、工业 4.0 等高新技术有机结合起来，这将会是一块无比巨大的蛋糕，也正好符合这几年政府提出的供给侧改革、数据开放融合、将大数据作为国家治理战略资源等的大势方针走向。

以海通安恒的一个案例为例来看企业如何实现“大数据 + 产业”。海通安恒给国内一家非常大的传统乳制品企业做过大数据规划和后期落地。该企业具有行业纵深很强的垂直产业链，从牧场养殖到乳制品加工，以及后续的分销，再到商超流通以及最终消费者口中，各个环节之间具有一个较长的时间跨度。各自环节由于 IT 建设起步比较低，数据局部有采集但没有长期存储和分析，且各环节之间数据交互小，数据价值链不形成连续性，上下游数据及内外部数据割裂。通过海通安恒为其做的大数据治理、咨询，规划以及 SaaS（软件即服务）大数据平台的落地，深度整合了从乳牛养殖环节生理数据、产奶量数据、生化分析数据、冻精采购渠道整合数据，再到乳制品加工工艺、配方、参数、实验室数据、供应链运输环节物联网数据、分销数据、消费受众群体属性数据、口感反馈数据，结合宏观经济、企业内部和外部数据综合调整各上述环节可优化空间，较大限度地提升了产品的品牌认知度和市场接受度，以及确立了清晰的市场定位和精准的受众营销群体。在整个产业大数据布局过程之中，企业积攒了大量的行业数据、消费者数据、渠道商数据等各类数据。下一阶段正在为其规划如何做行业智库、数据变现、数据交换、数据交易等方面的顶层规划。

传统产业不再只是守着 ERP、MES（制造企业生产过程执行管理系统）、OA（办公软件）等内部事务性数据，培养企业形成对于数据价值的认知，企业的价值边界正在逐步外延，数据价值观和数据开放性将慢慢追赶上互联网企业。正如中关村大数据产业联盟秘书长赵国栋的一句话“数据之和的价值，远远大于数据价值之和”，企业如果永远围绕着内部数据玩大数据，其实无论体量再大都是小数据。只有结合了外部的数据、生态圈的数据、产业链的数据，才是真正意义上的大数据正确玩法。

过去企业做 IT 项目多数采用 On Promise 的方式，也就是项目式，用户提需求，企业按需开发或者配置。再或者例如 SAP（企业管理系列软件）的所谓的最佳实践的思路。但大数据不能这么玩，而是要互联网打法、迭代式、SaaS 化，即“软件即服务”。在此之上，海通安恒提出了 MaaS——“模型即服务”的方式。另外，其实传统产业的 CIO（首席信息官）做大数据无非是有以下几点顾虑和困惑：

1. 大数据见效周期慢，收效不容易衡量；

2. IT 投入大，大数据人才紧俏；

3. 长期的不可控的大数据平台运维成本；

4. 无法获得外部生态圈及全产业链数据；

5. 找不到合适的大数据场景无从下手。

上述顾虑可以通过 SaaS 的方式，从极简的大数据基础平台部署、弹性扩容，再到深入的自助式数据挖掘和分析以及前端展现得以解决。也可以考虑基于公有云、私有云以及混合云的方式部署，企业以弹性的方式试水企业大数据建设，当慢慢见到好处之后再逐步深入展开。

所谓的模型即服务，其实就是海通安恒预置了非常多的业务分析模型，这是海通安恒多年针对传统各产业的咨询经验和对业务的理解的知识结晶：客户可以通过平台了解其他同行业是怎么分析该领域的大数据，有哪些典型场景，有哪些基础数据需要采集，等等。而且企业的业务分析人员可以直接使用客户的自助式大数据分析平台进行自助式拖拽方式建模和分析，不需要养底层的大数据开发人员。

“大数据 + 产业”的基础设施建设

要实现“大数据 + 产业”，基础设施的建设很重要。海通安恒围绕着 Hadoop（分布式系统基础架构）和 Spark（加州大学伯克利分校的 AMP 实验室所开源的类 Hadoop MapReduce 的通用并行框架）等生态圈领域的技术做上层的封装，也使用了非常前卫的平台框架，例如 OpenStack（一个开源的云计算管理平台项目）、Docker（一个开源的应用容器引擎）、Kerberos（网络认证协议）等新技术。但毕竟大数据起源于美国开源社区，做的再多也只是充当个集成商的角色。跟国产智能手机类似，无论从芯片到屏幕用的都是国外的技术和产品，国内组装。大数据也一样。目前市场上多数的小型创业公司或者玩大数据的公司都在做底层平台，大家在拼大数据谁算得快，谁计算的数据量大，这类问题都是会随着摩尔定律、硬件的发展逐步被淡化，被同质化。海通安恒目前将精力放在怎么让传统产业来拥抱大数据、用什么场景怎么去实现附加价值的增加、怎么去做产业生态圈、怎么去数据变现等等领域。互联网起源于美国，但做得最好的是中国。因为中国的土壤适合做互联网，更加注重客户体验，通过构建大长尾战略换取利益最大化，大数据行业也是一个道理。西方国家做大数据还是太讲究规则，有些死板，不很符合中国国情。中国更需要简单的、易用的，甚至是廉价的、短平快的开箱即用的大数据平台，也就是一直提到的 SaaS 模式大数据平台。现阶段国情下，企业在乎的是怎么用大数据，什么场景来做业务增值，而不是纠结于哪家的平台分析同一批数据更快。

未来，所有行业都将是 SaaS 玩法，紧随云、物联网、工业 4.0 等创新技术大潮，在业务上有所创新和突破，推动数据变现、数据交易、异业联盟等。

数据挖掘助力价值流通，数据土壤孕育社会机遇

程宏亮

首席数据官联盟专家组成员，西安美林数据技术股份有限公司创始人、董事长，工业大数据应用领域领军人物，产业大数据价值交换领域的探索者。

“数据价值交换银行”实现数据价值流通

随着国家《促进大数据发展行动纲要》的发布，当前社会信息量呈现爆炸式增长，各行各业的海量数据正在向资产化转变。在行业上下游之间，未来会出现类似于资金流、物流的数据流流通交易。一方面，客户需要对自有数据的价值进行分析；另一方面，企业需要将个体数据与行业上下游的数据进行流通、共享、跨界应用，从而提升在产业链中的综合竞争力，打造闭环的数据生态链，实现自有数据的增值，并从数据生态链中获益。

不同于过去的资金流、物流，数据流能够帮助产业以另一个视角（大数据）来认知产业，推动产业发展升级。我们提出“数据价值交换银行”，就是要通过大数据分析挖掘出数据价值并实现价值的流通及增值。这是一件有益于企业和国家的事情。美林正在积极布局“大数据价值银行”战略，推动大数据产业发展，已于 2015 年成立“一带一路大数据交易所”。交易所持续专注数据价值的发掘，不断增强数据变现的空间，加速各行业数据价值的流通，满足国际范围尤其是一带一路的辐射国家，支撑各国电力电网、工业制造、金融征信、智慧城市和科研应用与研究，并不断衍生新的商业发展可能。交易所将根据国家大数据战略布局的指导，逐步构筑起一带一路的数据版图，推动国际数据交流与合作，以数据流驱动货币流和文化流，促进一带一路沿线国家的经济文化交流以及民生改善。

国内大数据行业应用现状

随着企业信息化水平的不断提升，企业 IT 系统产生积累了大量的数据，但是这些数据并没有很好地加以利用。凭借多年国家重点企业信息化建设服务的经验，美林预感到尊重数据、挖掘数据价值的时代就要来了，这是美林发展的重大商业机遇。2010 年开始重点关注数据挖掘技术的研究，并成功推出自主产权的 Pluto 数据挖掘产品以及 Tempo 大数据分析产品。伴随着大数据技术的逐渐成熟，美林对于工业领域的大数据应用理解愈加深厚。2012 年至今，已建立多个应用样板点。公司深耕行业应用，以数据驱动业务助力企业发展进而推动产业的转型升级。2015 年《中国制造 2025》的发布更加速了这一进程。

当前，大数据产业布局正在逐渐形成。一是在大数据技术和产品研究方面，众多大数据公司陆续推出大数据产品，越来越多的大数据企业正在加快从大数据技术到产品应用层面的发展速度。大数据产业总体趋势正处于去粗取精、去伪存真、由表及里、价值应用的阶段；二是大数据行业中数据资源侧表现为各细分领域数据资源整合能力明显加强，企业数据资源的管理、集成和价值发掘成为企业升级转型的重要手段，以数据驱动业务的理念及方法论趋于成熟；三是大数据应用正在向产业链垂直化发展，要基于整个产业链来看待行业的大数据应用，打通上下游之间的数据通道，实现数据的多层次增值。大数据企业要深入行业应用除了要具备过硬的技术外，更重要的是要对整个行业有深度认知；最后，企业要去培养一大批懂业务、有技术、会分析的综合型大数据人才。

大数据为社会带来的机遇和挑战

大数据正在深刻地改变着经济社会生活的方方面面。大数据为我们提供的是一种全新的认知事物的方式。我们会发现大数据是一种思维。过去的思维是基于历史看现在，而大数据的思维模式是基于未来看现在，这两个模式是完全不一样的。大数据主要是三个词：一个是数据，一个是（大）数据，还有一个就是大数据。数据是低维低量，（大）数据是低维海量，而大数据则是高维海量。高维海量往往意味着会发生很多奇妙的关联和不可预估的化学反应，所以说大数据是具有颠覆力量的。未来出现的一些历史学家不见得自己是满腹经纶，而是他把历史结构化了。大数据这件事情并不是简单地和某些产业发生作用，而是让这个社会发生改变。过去人们称大数据为资产金矿，从中挖掘价值。现在来看，大数据更像是土壤，孕育着更多新的机遇，不断生根、发芽、成长。这与李克强总理提出的“大众创业、万众创新”不谋而合。大数据将会衍生更多新的商业模式。我们必须把握时代机遇，实现更快、更高层次的发展。

大数据的挑战，首先是大数据技术方面，尤其是大数据分析挖掘技术门槛依然很高，制约了大数据价值的深度挖掘和广度应用；其次，在大数据应用层面对数据的理解是影响大数据行业发展的因素之一。如果数据资源由于具备可交换、可增值的特性越来越被关注，那么壁垒也会加大，甚至形成数据的垄断，影响产业发展；第三，隐私安全问题，因为提到大数据一定会牵涉到隐私，隐私可能需要从国家层面上制定很多的法律法规，同时还需要这个行业的从业者去自律。管理者自身愿不愿意把自己的数据开放也会影响到大数据行业应用的发展。

从管理驱动到数据驱动：工业大数据重构数据生态圈

康志刚

首席数据官联盟专家组成员，武汉优博睿科技有限公司创始人。

当前制造业所面临的革新是全球性的，具有极高的残酷性，是新一轮工业标准制定争夺战，是定价权的战争。如果制造企业对此后知后觉，认为这场革新仅仅是个转型，将错失千载难逢的参与本轮工业革命标准制定的窗口机会。前三次工业革命，中国都没能参与制定标准。我国的工业基本上是“被标准束缚”“被技术绑架”的，所以只能做“工业大国”“世界工厂”。我们必须要有清醒的认识，要想成为“工业强国”，必须要抓住先机，参与制定被称为第四次工业革命“DT 技术革命”的标准。

第四次工业革命：从“管理驱动”到“数据驱动”

有人质疑，前三次工业革命都没能赶上，这次数据技术革命咱们有资格参加吗？

本轮工业革命是“数据驱动”要取代“管理驱动”。“两化深度融合”的样板企业为什么没有出现“工业大数据”？ 为什么没有实现“数据驱动”？ “管理驱动”为什么会被取代？ “管理驱动”如果被取代，那么以“管理驱动”为导向的一大堆管理应用系统如 ERP、MES、CRM、SCM 等的命运如何？先把这些问题都理清楚，才是制造业首先需要补的课 。凡事都有因果，要搞清楚这些问题，我们必须认清这场来势汹汹的工业革命的因果。

先来看一下第四次工业革命的起因。第三次工业革命是“管理驱动”为导向的信息技术革命，留下了一些未能解决而又是目前工业制造业迫切需要解决的问题。即使是在信息化与自动化高度融合的制造业，无论是内企还是外企，全球范围内的工业还面临着三个核心的瓶颈，这也是信息技术革命无法突破的，具体如下：

其一，对内的总体成本控制能力失效。在全球工业企业的财务报表上，无一例外都没有“浪费”两个字。浪费都被“包装”为成本。制造业花了巨资实施的管理应用系统变成了电子台账，无法量化浪费、持续消除浪费。

其二，对外的客户服务能力有限。即质量、交期、进度为导向的客户服务、客户体验以及客户维护服务能力不能有效保障。

其三，被供应链绑架。产业链分工细化导致供应链体系复杂，因所有的制造业都被前两个问题所束缚。实际上，制造业对外的客户服务能力有限，都是被供应链绑架的。这在内企更为突出，供应链呈现的就是“群体性互害模式”。

以上三个问题归一就是制造业实际上是“被数据绑架”。制造业对内无法通过数据量化浪费，无法消除浪费。紧接着导致了第二个、第三个一连串的问题。

以上三个问题是“管理驱动”为导向的信息技术革命的结果，也是第三次工业革命无法穿越的，这是导致第四次工业革命的因。这些问题很显然不是技术问题，更多的应该是理念、理论体系出现了问题，直接的原因就是“管理驱动”。

制造业当前的管理驱动为导向的管理应用系统存在严重的悖论，违背管理逻辑，本末倒置。为管理服务、为管理者服务的“电子台账”导向，以及数据获取的能力缺陷等问题导致企业缺数据，即使是有限的数据也是电子台账的非结构性数据，数据价值密度低，使用成本高。

我们同时也要认识到，企业最缺的是支撑持续改善、持续消除浪费、持续降低成本的数据。这些数据只能从以价值创造为导向的工业大数据模型中来。基于价值创造的工业大数据详细记录了价值创造过程中的一系列工业大数据。这些结构性数据来自价值创造的第一线车间现场，其工业大数据的结构性属性又是智能制造的基础。这些数据可以量化价值创造过程，测量浪费，持续消除浪费。只有实施以价值创造为导向的工业大数据、智能制造解决方案后，数据的问题才能解决。

工业大数据解决方案或者智能制造解决方案可以说就是一个工业大数据支撑的精益制造平台，该平台中流程标准化是第一步。必须说明的是，这个流程一定是有效的价值创造流程，不会涉及到所谓的管理流程的标准化。

工业大数据解决方案搭建了一个全员参与的精益制造平台。这个平台是为实现高效价值创造而搭建的，它具备持续测量浪费、持续消除浪费的能力。平台里，每个员工都在做精益生产。这与传统的浮在水面上的、基于管理思维的、集中在管理层的精益是完全不一样的。精益思想通过工业大数据解决方案扎根于企业的每一个价值创造环节。基于工业大数据的 PDCA（质量环，全面质量管理所应遵循的科学程序）帮助制造业持续消除浪费，帮助企业的每个价值创造点实现高效的价值创造。这是工业大数据方案能成为消除浪费标准的基础。

工业大数据对企业管理的影响

企业管理问题都是因人、机、料、法、环的不协调造成的，或者说价值创造时的浪费造成的。如果传统的管理模型被工业大数据模型所替代后，管理的问题还会有这么多这么复杂吗？我们不妨推论。基于我们对工业大数据的研究实践成果，以及管理理论创新的研究成果，随着工业革命的深入，我们认为工业大数据将带来如下变化：

1. 管理系统的电子台账将成为历史

传统的管理系统产生了一堆电子台账，不能认识“浪费”。管理之目的一旦从管理被纠正为高效价值创造，价值创造模型（工业大数据模型）逐步代替管理模型，诸多的管理应用系统所产生的电子台账也会消失。

2. 传统管理流程逐步消失

因管理的本末倒置，管理流程不能直接保证价值创造的结果，沦为高效价值创造的中间层，成为企业浪费。一旦管理之目的被纠偏，回归为高效价值创造服务，传统的事后管理、电子台账统计的流程将被工业大数据驱动的控制流程所替代。

3. 管理由复杂变简单

工业大数据驱动的控制流程逐步替代原有的事后管理流程之后，人、机、料、法、环的协调自然得到保证。一旦人、机、料、法、环的协调得到保障，企业运营的混乱状态自然消失，当前的复杂的流程将逐步消失，众多的无需存在的KPI（绩效考核）指标亦将消失，等等。摔掉这些无用的包袱后，管理自然就轻松了。

企业的诸多管理需求也并非实有的，许多管理的需求是虚妄的。一旦企业的信息孤岛消失，管理需求就会减少，管理就变得简单。

4. 浪费将成为财务报表的核心指标

当前的企业财务报表上是没有“浪费”两个字的。管理驱动的结果无法测量浪费，故而将浪费包装成成本，隐藏于财务报表中。这就是传统管理应用系统为企业埋藏的一个巨大的定时炸弹。

工业大数据模型将有效量化浪费，帮助消除浪费。浪费将出现在企业财务报表中，并且成为企业财务报表的核心指标。

5. 管理者被去中间层

随着信息孤岛、诸多复杂的管理流程的逐步消失，管理者的角色必须向价值创造的角色进行转换。传统的管理者角色将消失。

6. 管理应用系统逐步被淘汰

管理流程、KPI指标、管理者等从企业中逐步淡化至消失，那些为管理服务的管理驱动为导向的ERP、MES、CRM等管理应用系统亦将消失。无论企业对此领域的投入有多大，这些钱注定成为企业财务报表上某种意义上的浪费。

传统的信息化巨头，无论是国内的还是国际的，如果不迅速做出调整，则将面临巨大的压力。

7. 工业大数据模型将广泛应用

上述的转换皆由价值创造模型的应用实现。而价值创造模型就是价值创造的工业大数据模型，也就是我们常说的工业大数据模型。这一模型将被广泛的应用。

DT（大数据）时代的变化只会更多。当然工业大数据量化价值创造能力，重构大数据大生态圈，与社会大数据融合，提升国家的社会治理能力。未来工业大数据的应用价值和范围会不断延伸。即将到来的DT技术时代，工业大数据的主角地位是不可替代的，工业大数据带来的惊喜只会越来越多。

第3章 大数据激活双创活力

企业画像：降低运营成本，化解金融风险

柳超

首席数据官联盟专家组成员，企业信息挖掘系统“天眼查”创始人、国家千人计划专家、北京市特聘专家、北京航空航天大学“大数据”特聘教授、CCF大数据专家委员会委员、国家下一代互联网产业技术创新联盟专家。曾任搜狗首席科学家，美国微软研究院总部研究经理。

企业信息查询市场现状

企业信息查询市场是巨大的。在中国特色市场经济蓬勃发展时期，企业作为主要的经济实体，它的任何信息都有影响，因而这类数据的潜力无限大。又加之，政府对这一块的监管与引导越来越明晰，所以这个市场的潜力是无限的。现在关于企业的信息很多，但是分散在不同的地方，比如工商数据、诉讼数据等。数据的过度分散形成了一个“信息孤岛”效应。当你要发掘背后的商业利益关系，只能依靠手工制图，时间成本很大。天眼查能做到数据融合，一站式地解决所有的关于企业背景调查的需求。现在市场面临的一个很大的问题是如何把数据产品化，把数据真正运用到解决问题中去。所以天眼查选择了企业背景调查这一个具体问题，深耕之后，得到用户和合作伙伴的肯定。

挖掘公开数据，检验大数据技术

李克强总理倡导“政府掌握的数据要公开，除依法涉密的之外，数据要尽最大可能地公开。”政府数据公开是大势所趋，因此，大数据行业从概念到市场落地的发展趋势，无疑会使得对于公开数据的价值挖掘大有可为。包括天气数据、GPS 数据、金融数据、教育数据、交通数据、能源数据、医疗数据、政府投资数据、农业数据等在内的原始数据本身并没有明显的商业价值，但经过数据整合分析之后可以产生巨大的商业价值，使得原本价值极低的开放数据作为新的资源帮助企业进行发展，聚焦新的商业机遇，特别是在开放数据影响较大的保健行业、金融行业、能源行业、教育行业。数据服务公司可以利用开放数据帮助消费者挖掘数据的潜在价值，为企业和政府提供具有价值的商业数据。企业可以利用开放数据提高生产效率，减少资源浪费，降低决策失误风险。

但是，机会也意味着挑战。由于公开数据多为非结构化数据，噪音大，挖掘公开数据的价值相较于私有数据来说，对数据处理技术提出了更高的要求。所以，对公开数据的挖掘处理无疑是检验大数据分析技术的最佳试金石。

企业数据画像，化解金融风险

正如马克思所说，“人的本质……是一切社会关系的总和”。要理解事物，就要理解关系，大数据的本质就是“连接”。数据和关系展现很大的利益就是帮助我们更好地理解事物。再者，现在的数据都是分散的，大家依靠这样的数据来解决问题都是在盲人摸象，看得都不全。某些有劣迹的经营商大概会对数据和关系的展现比较敏感，对那些不诚信经营和弄虚作假的人当然会造成一定的担忧。大数据领域的改革创新就在于改变原有大数据行业靠拉动需求侧的形式，转而对供给侧进行改革，也就是上述所提到的将大数据做成受众广泛、社会化性质更强的产品。天眼查目前所做的就是这样一个人人能用、人人会用的大数据产品。这样的改革不仅促使数据行业改革创新，同时也为传统行业的供给侧改革提供了指引，推动传统行业由原本的需求驱动转变为供给侧驱动的发展模式。更重要的是，数据产品化能够帮助传统企业降低成本，防范化解金融风险。

以公开数据为切入点、以关系为核心的天眼查产品，在帮助传统企业或个人降低成本、防范化解金融风险方面提供了产品化的解决方案。比如，一家公司上市新三板必须满意一个核心条件，就是此公司必须清除所有的同业竞争，这意味着公司的实际控制人及与他关系非常紧密的人员不能在这家公司以外有相似或相同业务的公司存在。律师在调查分析这个问题时通常需要耗费大量时间精力，而通过天眼查专业版则能在五秒钟内解决这一问题，只需要输入公司名称、实际控制人，以及法律所要求的和实际控制人关系非常紧密的人名，点击“天眼一下”，五秒内即可一目了然该公司及相关人员的关系图谱。

再比如，银行或金融担保机构可通过天眼查所提供的信息查询及关系挖掘服务，高效率获取更多更全面可靠的借贷企业的经营状况信息，以确保借贷资金的安全性，同时也为媒体在新闻报道中提供高效、可靠的线索查询渠道，优化信息求证方式。

小数据解决大问题

互联网属于一种连接方式，是人访问信息的一种方式。通过互联网我们可以把人和人连接起来，信息跟人连接起来。而大数据是一种思维方式。互联网和大数据都是由底层技术进步以及社会进步驱动的。从技术上来说有三大定律：第一是摩尔定律，每隔 18 个月会翻一番，这是可计算的；第二是奎德定律，存储大概 18 个月左右翻一番；第三是尼尔森定律，带宽连接方式大概 24 个月翻一番。计算、存储和带宽这三大驱动力驱动了互联网，同时也驱动了大数据。所以这两个本源都是技术驱动的。当然技术驱动会带动社会驱动，比如说这些东西需要用，以前用笔记账，现在用电脑记账，就有了数据挖掘的需求。

大数据是一种思维方式，并不是因为它是几个 G、几个 T 或几个 P 来决定是不是大数据，而是以影响力来定义的。一个数据可能非常稀少，但是如果挖掘得好，做的事情有影响力，那仍然是大数据。所以从这种角度来看，很多领域可能信息化程度非常低，数据量非常少。对于这种行业，可能真正懂这个行业的人做一个非常切入痛点的分析，就能解决一个很本质的问题，它的影响是很大的。比如，对残联来说，一个残疾人装了助听器，在信息系统里面留下一条记录，虽然该记录目前还比较少，但是通过简单的数据挖掘，残联就能知道在这个区域还有多少类似的残疾人。在后续若能把这部分有需求的人发掘出来，就能更好地推动我国残疾人事业的发展。这个数据量肯定不大，几百个 MB，但影响力可想而知。所以，在传统领域，大数据是一种思维方式，也许看起来是小数据，但能够解决大问题。

数据银行：让企业隐形资产有价可循

齐红威

首席数据官联盟专家组成员，数据堂创始人。

商业模式和商业机会

大数据的商业模式主要有四个方向。第一类是大数据基础设施。亚马逊、阿里云、百度云、腾讯云都是在这个领域布局；第二类是数据源企业，数据堂就属于这个范畴。这类企业专门提供某个垂直领域的数据源，把数据当做一种可交易的产品，形成数据市场。也可以说是数据的电商平台，但是比电商复杂；第三类是做分析工具的企业，比如可视化。创业时，在国内用工具做创业的公司很少，因为在版权意识不强的环境下创业很难成功；第四类是做具体应用的企业。面向某个行业或领域做垂直的解决方案，或者说是数据应用。

对国内的创业公司来说，以下两点可能是机会：数据源和数据分析挖掘。在基础设施方面，创业公司没有机会，因为华为、阿里、百度、腾讯基本上把持了这一部分。

工具类创业本来很有机会，但是大工具在国内没有积累，会比较难，而小工具创业环境不具备。

直接数据交易无法实现

直接数据交易无法实现，根本原因有三个。

第一，数据本身分红绿黄。红色数据是国家安全和个人隐私数据，黄色数据中有非常多模糊的地方，我们没办法规定或者是商业化应用，绿色数据规模不是特别大。真正有价值的数据蕴含在前面两种，所以原始数据交易无法做到，而且整个社会规则也不允许。

第二，数据提供方、数据拥有方和数据需求方之间是不对等的，或者他们提供的东西和需要的东西是不一致的，平台需要深度整合数据。

第三，好多单一数据价值并不高，好多时候需要不同的数据进行深度整合，而简单的交易平台是做不到的，需要有一个深度服务平台把这些数据整合到一起。

基于这三个原因，直接数据交易很难做到，真正要做的话，要落脚到数据深度整合。

大家一直想去直接交易数据本身。但数据现在有个巨大问题：版权很难鉴定，或者数据很难拿出来交易。数据服务提供的是一种使用权或是数据增值部分。比方现在和政府、数据敏感相关部门合作，我们并没有把数据迁移出来，这做不到，这是底线。这时候我们要和合作伙伴商量去解决使用权的问题。使用权既可以在数据堂这一侧使用，又可以在合作伙伴那一侧使用，这时候大家不会担忧数据迁移出来后好多不可控的问题。

只要大家别把关注点放在原始数据本身，数据安全性、敏感性、数据定价、流通问题几乎都可以解决，好多问题就已经不是问题。

国内大数据发展现状

整个大数据产业发展还处于非常初级的阶段。若是万米马拉松，那大数据产业还在 1500 米左右，远没达到行业应该达到的高度。这个时候要干的一件事情，真正使大数据蓬勃应用发展，是需要有一堆数据应用企业将数据盘活起来。这里有一个误区，大家想得更多的是第一步，如何把数据整合出来，如何对外服务。但是第二步没有做足够多的准备。如何应用或者引入更多的数据应用方把数据盘活，从拿出数据到服务数据到应用数据如何形成闭环，这是让大数据真正发挥效率的一个核心目标。

大数据不是一个低的业务端简单整合，不是一个低端业态浪费，最终需要的是数据或者是技术的深度整合。现在大数据应用的面非常浅，只是简单整合处理一些数据。但是大数据价值非常深，非常多，即使现在只做到了数据简单处理层面，好多产业生态已经被大数据改变了。比如征信业，美国征信体系是靠法律制度建立起来的，而我国很可能会依靠数据把这件事支撑起来。

安全 3.0：人工智能的安全洞察力

高瀚昭

首席数据官联盟专家组成员，瀚思 (HanSight) 联合创始人兼首席执行官，信息安全与大数据领域的连续创业者和全球资深技术领导者，多年来一直致力于将前沿的大数据技术应用于信息安全相关领域，帮助企业和云上的用户实现从“被动防御”到“主动智能”的转变。曾任北京天云趋势科技有限公司首席执行官，曾在趋势科技全球多个国家的研发和技术团队担任管理工作，也是趋势科技中国研发中心的早期核心成员之一。

信息安全进入 3.0 时代

近年来，整个安全市场都有着比较大的变化，目前的安全问题已经从传统“攻防”越来越多地转变成“快速侦测和响应（Detection and Response）”。

传统的安全，人为地将信息网络分割成了内网和外网，中间靠防火墙等边界设备把内网与外网隔离开，隔开以后通过很多的设备和软件，比如杀毒软件、DLP（数字光处理）、IPS（入侵防御系统）等手段进行防御，通过黑名单或白名单的方式将所有的流量、文件、URL（统一资源定位符）等与名单做对比，继而判断好与坏、防或是不防。实际上，这是过去 30 年整个 IT 领域在信息安全一直做的事儿。

然而近年来，我们发现信息安全领域信息泄漏以及被入侵、被欺诈的事件越来越多。JP Morgan（摩根大通集团）、Target（塔吉特公司）、Sony（索尼）影业等数据泄漏事件在国际上影响颇深。而在中国，CSDN（Chinese Software Developer Network，世纪乐知）、天涯、12306、网易、携程事件也让每个人谈起安全就胆战心惊。

传统的方式为什么不再有效？我们从两个维度来解释：

第一，传统的模式，不管是什么设备，几乎全部匹配黑名单，利用规则来进行防护。这样的好处显而易见，即效率高，但坏处也显而易见。试想如果有黑客利用新的威胁绕过了黑名单的特征库，那么设备几乎透明，可以被黑客任意为之。因此在这种情况下，名单规则的方式所能发挥的效果越来越差。同时，维护和更新规则库也是异常痛苦的。

第二，传统的模式是基于签名和认证，但是后来慢慢发现黑客会找一些弱口令、弱账户，辅以社会工程（Social Engineering）来进行逐步的渗透，最终提取关键信息。经调查发现，被黑的企业百分之百装了最新的杀毒软件和防木马软件，而且这些软件的签名已经是最新的了，即便如此依旧不能抵挡黑客。再加上很多人为因素是根本不经过防火墙的，这时问题就更大了。

所以信息安全是在不断演化的。传统的安全 1.0 是三十年前的事情了，即单机 PC 的安全。发展到有了网络时代以后，从 20 世纪 90 年代至今是整个网络上的攻防，把安全从单台设备变成了全网络的事情。但是近几年从种种环节上看，2.0 的时代其实已经过去，现在已经进入到安全 3.0 的时代。

什么是安全 3.0 的时代？新兴的攻防已经产生，更多的问题已经不再是病毒，而是欺诈和 APT（高级持续性威胁）攻击。也就是说不再是恶作剧了，而是以获取核心代码、商业利益为驱使的网络攻击与犯罪。

大数据助力安全 3.0

网络安全环境已经改变，解决这些安全问题的方法也发生了变化。实际上 Gartner（高德纳咨询公司）在三年前就说过传统安全设备，尤其是 IDS（入侵检测系统）已经死了。那未来又是什么样的思路呢？数据为王，更多时候需要收集全量的数据，掌握所有的数据，无论是终端的、主机的、应用的、网络设备和安全设备的，还是第三方来自云上、来自互联网的。这些所有的全量数据都要进行统一的储存、分析和展现，我们要用这些数据进行分析，找到网络流量的异常、用户行为的异常，从而进一步找到未知的安全威胁。这也就成为了大数据和安全结合的初衷，也是能有效解决安全问题的根本方法。这也是全球主流安全厂商公认的未来安全的主要思路。

几年前，Gartner 在一份报道中提到，2016 年会有 1/4 的大型企业将用大数据分析信息安全，尤其是分析与欺诈、攻击相关的事情，并且部署 6 个月就能看到相应的结果呈现。同时，60% 的安全预算将从防御转变为侦测与响应。

IDC（互联网数据中心）2015 年发布报告指出，基于大数据先进技术产生的价值将会是传统安全产品增长价值的 10 倍。这也再次证实了大数据安全分析市场举足轻重的地位。

“数据驱动安全”。我们通过收集、分析和展现海量数据，可以帮助企业获得更好的全局可见性和安全洞察力。大数据安全分析说难也并不是很难，实际上就是大数据的跨界，也是安全业务知识、机器学习与算法的跨界，整个过程这三点缺一不可。这就意味着如果没有大数据和机器学习的能力，那就还是一个传统的安全厂商。但如果只有大数据的能力也是不行的，因为我们还需要去分析。分析什么，能解决什么问题，这都是需要在安全领域有多年经验才能知道的。

同时我们一直坚信，未来做安全这件事还得靠机器，不能光靠人去完成，人是排查不过来的。银行每天的十几亿条数据怎么可能靠人来看呢？得靠机器来看，用机器来解放人，将这些安全事件优先级排出来。因此大数据技术本身的和有效的安全分析，以及在机器学习方面的能力综合，才能成就一个有效的大数据安全分析平台。

举个例子，我们有一个专利叫“日志降噪”，可以依靠算法自动将来自不同设备、不同源的同一安全日志和事件做归并，可以几何数量级地简化运维工作量。我们也在美国申请了专利，一定程度上是和美国 SumoLogic 公司（机器数据分析供应商）的 LogReduce（日志管理与分析的技术）竞争的。我们的一个客户原来每天要处理 30 万条设备告警，通过使用“日志降噪”和我们产品内建的事件优先级评价器，最终实现每天只需处理 100 条左右的事件即可。

另外说到难点，以机器学习为例。利用机器学习进行大数据分析，其系统是很不容易调整的，通常只有专家才能掌握，实施起来比较困难。通常情况下，机器学习系统得出的结果是一串数字，普通用户很难理解它所代表的意思。因此就需要厂商运用图计算、图数据库，并结合拓扑结构，将数字转化为直观的图形呈现给用户，比如用一个点的大小来表示安全问题是否严重。

大数据安全分析平台的有效流程

从 HanSight（瀚思）的角度来看，第一步是数据采集。不管是来自哪里的日志，这都是主要的数据来源，应用日志、主机日志、设备日志等等，还包括安全事件、防火墙、IDS/IPS（入侵检测系统 / 入侵防御系统）产生一系列的倒记忆，一切的事件，一些网络的流量，我们全都汇总到大数据平台，以一个全量存储的形式放置，然后基于此再不断地做不同的模型来做一些新的威胁匹配。当然在安全分析领域，还需要有一些以威胁为导向、以资产为导向、以链条为导向的分析方法，将这些东西快速地展现出来，并且做出决策。

同时，外部安全情报（Threat Intelligence）也是非常重要的数据源。在这方面，HanSight（瀚思）做了很多的工作。比如我们实时获取全互联网每天新注册的域名，并且预测哪些会是恶意域名。我们自身也积累了最新的千万级的安全情报库，涉及恶意域名、IP、病毒 / 木马行为等，可以帮助客户第一时间发现安全问题。

大数据安全分析平台的必要性

实际上安全问题并不分行业，任何行业、任何企业每天都在面临安全威胁。但是从目前来看，需要用到大数据安全分析平台的更多则是一些大型企业，也就是说其已经具备了一定的数据量。

举例来看，银行现在都在做数据大集中，因为通常情况下银行一天的网银日志数据量就达数 TB，而这么庞大的数据以前从来没有得到过有效分析。现在有了称手的大数据分析工具，银行非常积极地利用这些日志数据进行业务分析、运维分析和安全分析。

因此像银行、电力、运营商、公安等行业的客户，在其业务发展到一定规模后，深知安全性对其业务发展的重要性，所以对大数据安全有强烈的需求。而这项技术也一定会率先被这些行业客户有效利用起来。

大数据征信业：“灰色地带”秒变“社会价值”

安光勇

阳光信保数据开发部总经理。拥有多年的征信业经验，在国内还没有相关征信法律的2011年就开始在征信、互联网金融、大数据领域工作。曾为政府机构（人民银行征信中心、国家发改委、商务部等）提供过相应的政策咨询服务，也为国内大型电商、互联网金融公司的决策层提供大数据、征信相关的战略咨询服务（也包括商务模式设计、组织架构设计、资本运作、培训、牌照申请等服务）。拥有10年以上海外经历，曾在BCG、BAH、LG、D&B、NICE等跨国咨询公司和世界500强企业从事全球市场开发和并购等业务。

征信行业的现状

目前征信行业、大数据金融等概念被过度吹嘘。实际上大数据、征信并不是一个新兴行业，而是拥有很长历史的“古老”行业，否则也不会突然间涌现出这么多所谓的专家和企业。在美国，征信已发展了近两个世纪，已是非常成熟的行业。只是之前这个行业没今天这么火，大家不是太关注而已。

同时，因为涉及个人隐私、金钱等敏感信息，征信业也是非常保守的行业，其相关的法律制度相当完善。但就是这么保守的行业，到了中国却变成了“创新最活跃的领域之一”。

随着这股热潮的继续，其竞争也日益激烈。特别是与该行业相关的互联网金融领域的竞争已演变成跨界竞争。传统意义上的竞争已不复存在。比如，一直以来作为超级甲方的国有、股份制商业银行，不但要面临着同行业小兄弟——城商行、农商行、村镇银行等银行的挑战，还面临着 P2P、小贷、典当、融资租赁、担保、保险等旁系的强力挑战，甚至完全不相干的电商行业也强力冲刺着该行业。

随着征信行业的火热，随之而来的是诸多新成立的征信公司。对于征信公司的潜力，主要看五大资源：数据、资金、客户、政府关系、技术和人才。

与传统行业不同，征信业的“行业先入优势”并不明显，也就是说并不是行业从事时间长就有绝对优势。特别是自从 BATJ（百度、阿里巴巴、腾讯、京东四大互联网巨头）等巨头加入该行业后，整个游戏规则发生了巨大的变化，演变成由政策、资本等宏观因素来左右的行业，而不是技术主导型行业。如果一个数据公司只有技术或人才，那可能现在开始要紧张了，因为将来面临的可能就是倒闭或被并购。

征信行业的未来

目前我国确实面临着很多潜在危机，比如房地产危机、地方债危机、诚信危机等等，甚至有些危机已经是处于进行时了。金融危机给社会造成的负面影响不容置疑，但并非所有的行业在金融危机中都受到负面的冲击，有不少行业在金融危机中会有爆发式的增长，如低价生活必需品（大型超市、打折店等）。

金融危机恰恰给征信行业一个突飞猛进的机会。因为金融危机时期，征信公司所提供的风险管理、信用评级等服务是供不应求的。另外从社会层面，金融危机能够使一个国家的金融体系更加完善。“危机”包含两种含义，即危险和机会并存。

与其他新兴行业一样，征信行业发展初期比较混乱，更可悲的是所谓从事信用行业的人大多不讲信用。很多假冒行业的专家也蜂拥出现。当然，从另一个角度讲，这也意味着市场机会很大。

从市场规模考虑，目前普遍的看法是国内征信市场规模在 1000 亿元人民币左右。这看似很多，但考虑到在整个 GDP 中所占的比重，与发达国家相比确实少得可怜，而且利润空间也非常小。那么为什么几乎“小得可怜”而且也不是直接盈利的征信行业会受到这么多巨头青睐呢？

笔者认为主要的原因在于征信行业的杠杆效应。

我们先举个例子。如果一个人要贷款 20 万，假设需要花 100 元去购买个人征信报告，那么这个 100 元就是征信市场规模（当然实际上要比这个复杂得多）。我们也大致假设其杠杆效应为：20 万元 / 100 元 = 0.2 万倍。如果按这个逻辑继续延伸，那么给整个社会带来的效应为：1000 亿元（征信市场规模）× 0.2 万倍（杠杆率）= 200 万亿。这个数字相当于 2015 年国内 GDP（67.7 万亿）的 3 倍。我们也可以简单理解为：如果我们国家完全走向诚信社会（比如美国），那就意味着在几乎没增加成本的前提下，多出了 GDP 3 倍的流动资金。即便考虑到现实中各种复杂的因素，有些大的偏差，这个数字仍然是非常惊人的。

如果考虑到以上因素，我们就不难理解为什么阿里巴巴旗下的蚂蚁金服还没上市其市值就达到 500~700 亿美元（约 4000 亿元人民币），相当于征信市场规模的 4 倍。很显然，马云看重的不是这个“小小”的征信市场，而是背后更庞大的市场。假如阿里巴巴能完全解决信用问题，在淘宝、天猫上完全可以用信用购买，那阿里巴巴的销售量会呈几何倍数增长，而这些效果会直接通过股市展现出来。

从征信公司的投资回报率角度考虑也具有相当大的吸引力。我们可以计算一下一个征信公司开发新产品的成本。基本上其成本为“idea+”修改（“点子 +”修改）几个代码的成本（几乎为零），而回报率则与 GDP 成正比（因为覆盖了全部人口），属于一本万利的行业。

从社会角度考虑，个人认为征信的魅力在于解决了法律和道德之间的灰色地带问题。对于违约拖欠的人，如果用法律条款来制约太过于严格，而若要依靠个人的道德修养更是一个天方夜谭。“征信”通过简单的奖惩机制很好地弥补了法律上的盲点，成为社会体系中完美的补充。所以征信不应该是一个企业行为，而更应该是社会行为，不能简单地从盈利层面考虑，更多的是从社会效应角度考虑。

征信业的国际化差异

目前国内征信行业更注重评分卡等技术层面，但事实上这些技术在国外已经发展几十年，是非常成熟的技术，且细节的技术内容都已公开化，差别化程度不高。真正构成核心竞争力的或者说我们真正需要向这些企业学习的是这些企业的“软实力”——“信用生态圈（信用相关法律、政策、技术等生态体系）”。

我国征信公司与国外征信公司的差距并不在技术层面（事实上这些所谓的核心技

术都已公开化，没有太多秘密可言)，而在于一整套信用体系（生态体系）。

虽然没有像国内这么火，但征信行业在国外也属于“高大上”的行业，很多聪明的高端人才都集中在该行业。加上发展了近 200 年，基本上创新潜力都已开发完，产品组合也很完善，在西方环境里爆发式的增长空间已经不是很大。

随着创新浪潮的迭起，国内不少公司开发了很多有创意的征信产品。单从一些指标，如辨别率等方面来看，确实比西方国家更炫。但前面也提到过，征信行业不能只从企业的角度考虑问题，更多的应从社会角度考虑问题。国外公司是想不到这么好的创意，还是另有原因？事实上并不是没想到，而是因为除了技术外的其他因素，包括法律、规章、制度、个人隐私等没有开发而已。事实上很多国内的创新产品，随着征信相关法律体系的完善，会沦为过渡产品。

我国征信行业要发展，创新固然重要，但这些发展是必须基于国外已经有的产品基础上的创新。否则，技术上再好的产品也可能经不起时间的推敲。毕竟西方的征信业凝结了国外将近 200 年的智慧结晶。我们不但需要学习技术，更需要学习相关的政策、法律、商务模式，以及背后的经验教训。这也是我们能够事半功倍的捷径。

互联网金融监管：预警 P2P 跑路风险

李崇纲

首席数据官联盟专家组成员，北京金信网银金融信息服务有限公司常务副总经理，国内首款舆情监测系统的设计者，曾任北大方正舆情产品总经理、全国网络舆情技能水平考试项目管理中心副主任，受聘于多个政府企业任舆情管理咨询顾问。

中国互联网金融发展现状

自 2015 年全国两会热议互联网金融监管以来，互联网金融的话题似乎成了行业的主旋律。重庆市长黄奇帆认为，“如果‘互联网 + 金融’和传统金融干一样的事，又把传统的金融宗旨和原则都颠覆，那会闯祸的。”全国人大财经委副主任委员吴晓灵表示，当前 P2P 乱象的产生原因，第一是资产端没有坚持小额融资，它的金额很大，肯定要分拆；第二是资产端标的复杂，许多标的还等额分，实质就是证券。原全国人大常委会财经办公室副主任王连洲指出，从中央到地方，对于互联网金融的监管趋于重视。2016 年将会更严，这对互联网金融的规范健康发展是绝对必要的。这些业界独到的见解同时与中央发布的两次重要“意见稿”形成了良性互动。

纵观P2P行业，国内与国外发展差异很大。在美国，P2P在线借贷平台网站LC和Prosper呈双头垄断形态，由SEC（美国证券交易委员会）监管，主要是个人消费贷款。在中国，P2P成“三无”监管真空状态。银监会发布的数据显示，据不完全统计，截至2015年11月末，全国正常运营的网贷机构共2612家，撮合达成融资余额4000多亿元，问题平台数量1000多家，约占全行业机构总数的30%。P2P的野蛮生长缺乏管理，导致大公司不敢创新，而小公司胡乱创新，对行业的有序发展带来了不良影响。实际上，对P2P监管政策落实的最大受益者是守规矩的企业。

自2002年至今，监管部门规范P2P行业的信号越来越浓，每一次监管层释放监管信号，都会引来热议。其中，2015年年末，银监会会同工业和信息化部、公安部、国家互联网信息办公室等部门研究起草了《网络借贷信息中介机构业务活动管理暂行办法（征求意见稿）》，认为地方金融监管部门应负责本辖区网络借贷信息中介机构的规范引导、备案管理和风险防范、处置工作，指导本辖区网络借贷行业自律组织，即网络借贷的监管职责在地方。该意见稿进一步明确了行业监管职责，不过至今仍未出台一份正式监管文件和明确可行的监管办法。

互联网金融监管模式的创新

互联网金融作为一种金融的新型范畴，将“开放、平等、协作、分享”的互联网精神融入金融服务，相比传统金融已呈现一些本质上的差异。所以，对传统金融的监管办法并不能完全适用于互联网金融业态。对于互联网金融的监管，我们认为应该向大数据模式过渡。

金融监管的模式转变、大数据监管的落地，与其他行业的大数据模式落地有共同点。应用大数据监管，互联网金融可实现主动、精准、动态、实时、协同监管，并创新社会治理模式。

大数据通过对金融机构画像，构造金融机构的信用图谱，实现对行业的风险监测，从而达到创新监管。同时，这需要监管机构有相应的思维方式的转变，需要用大数据思维构造新的监管模式、业务流程，构造新的组织管理机构。这其中需要大数据的技术支撑和具备复合知识的人才素养。

大数据监管的落地方式

以“大数据监测预警 P2P 平台跑路风险”为例来说明大数据监管的落地方式。

相比传统金融，P2P 呈现出新的特点，包括平台信息透明度、项目进展透明度、融资方式等。另一方面，传统监管作业方式不能做到实时动态监测，难以及时发现和预警问题平台。

通过对历史上出现的问题平台的剖析，P2P 存在的风险特征有欺诈风险、市场风险、操作风险、信用风险、政策风险和流动性风险等。

那如何发现这种新型的问题平台呢？通过收集数百个问题平台的信息，包括网络舆论信息、工商注册信息、法院信息、平台基本信息、平台项目信息、投资记录数据等，总结出相关规律和风险点，利用机器学习的方式对这些风险点归纳总结，建设风险模型。同时，与政府部门的数据做比对和回测，不断调优模型。

基于以上构想，搭建出金融大数据分析平台。

首先，对新闻网站、政府网站、社交媒体、P2P 网站等数据源进行大规模采集，同时对接全国工商数据和法院数据，并根据行业、区域、产品自动分类、标引、存储在金融风险分析大数据平台中。

然后，通过机器学习技术分析各类数据相关关系，不断积累风险信号库、预警模型库，通过多个模型分析风险预警，辅助金融监管，做风险信用评估。

最后，根据模型计算结果可视化地展现出来。

金融大数据分析平台的技术难点

在构造的金融大数据分析平台中，有三个关键技术点需要突破，分别是数据采集、数据挖掘和风险模型。对采集到的信息进行挖掘主要通过文本语义识别技术，通过对大量的文章做信息的抽取，把非结构化信息转化为结构化或半结构信息。风险模型需要根据不同问题平台的情况而分别建立。

依托国内领先的大数据技术和服务提供商 TRS，我们实现了三大技术关键点的突破。

第一，应用 TRS 海量异构数据采集的技术对网络新闻、财经媒体报道、百度贴吧、社交网络信息等实时、精准采集，同时应用此技术可获取经授权的工商税务数据、法院诉讼数据等信息。

第二，使用大数据挖掘分析平台对每家公司分析和挖掘它们的公示信息、招聘信息、网络投诉，并对这些信息进行数据清洗，便于量化处理，构造风险模型。

第三，基于 TRS 的 Hybase 大数据管理平台，训练分析样本，采用机器学习的方式，设计了针对金融风险高发领域的多个风险模型。

除了监管之外，大数据在互联网金融领域还可以创造如下价值：利用大数据可以对银行客户进行画像、精准营销、风险管控和运营优化，让客户的风险行为完全在掌控范围之内。同时，大数据在反洗钱、反欺诈、打击非法集资、辅助金融安全监管、完善征信体系和风险把控都具有重要意义。

大数据 + 物联网：构建未来智慧生活

葛涵涛

首席数据官联盟发起人，中关村智能硬件产业联盟副秘书长，专注于物联网和智能制造领域宏观产业研究，长期深入智能家居、智能可穿戴等物联网领域研究，擅长行业分析及市场调研、企业竞争与产业分析趋势等。他曾三次获得微软最有价值专家“Most Valuable Professionals”奖项。曾负责 Windows Mobile ISV 联盟（微软移动软件联盟）的运营以及 ISV（独立软件开发商）和传统行业客户的合作，为合作伙伴（医药、物流、能源等领域）提供咨询服务及综合解决方案。

物联网为大数据奠定基石

毫无疑问，大数据时代已经到来。近些年随着智能手机、平板电脑、可穿戴式设备的普及，以及物联网领域相关技术（芯片、传感器、电池技术、屏幕等）的快速发展，智能硬件方面的新产品层出不穷，不仅快速进入了普通人的日常生活，同时还被诸多企业应用到实际生产环境中。这也促使数字信息总量急剧增长。物联网作为大数据的重要来源之一，随着物联网在各行各业的广泛推广应用，传感器在每分每秒都会产生大量的数据。

物联网的核心价值之一在于其产生的数据，而数据就是资源、财富，是大数据时代下企业发展的新能源。当前以数据为驱动的企业越来越多，需要获取多维度的实时数据并对其进行分析，形成正确的判断和决策。大数据已经成为 IT 业全新的制高点，而基于应用和服务的物联网将推动大数据更广泛地融入到各行各业中，为用户提供实时的、定制化的服务。

物联网的核心价值之二在于数据分析。物联网采集数据通过收集来自感知层、网络层及应用层的众多数据，然后将这些数据传送到云平台进行分析加工。由于物联网传感器产生的数据具有异构性、多样性、碎片化、非结构化、时空域、含噪等特性，这就需要新型的数据存储和处理技术来支持。而大数据技术可支持对物联网产生的海量数据的更深层次分析和应用。

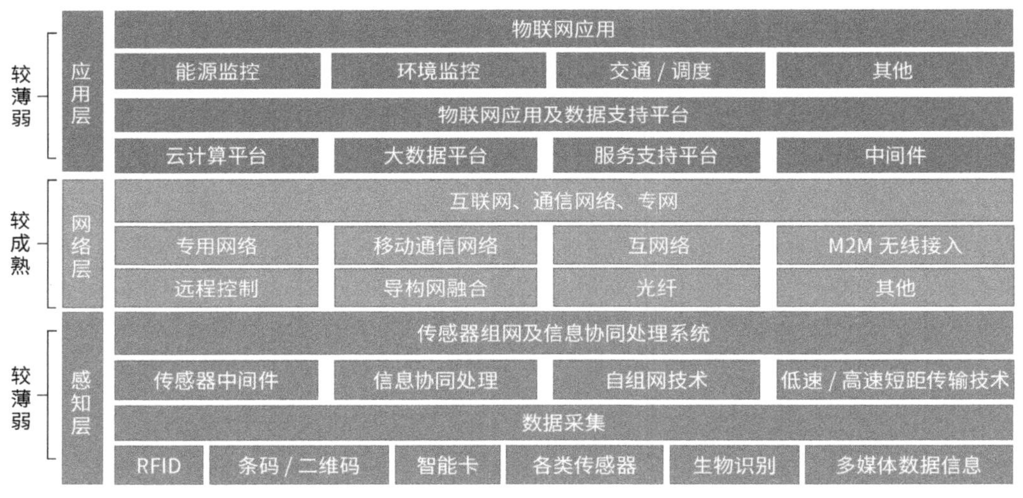

图 3-1　物联网技术架构体系

物联网产生的大数据处理过程可以归结为数据采集、数据存储和数据分析三个基本步骤。数据采集和存储是基本功能，而大数据时代真正的价值蕴含在数据分析中。

大数据让物联网更具意义

物联网产生大数据，物联网是大数据的最重要来源之一（大数据来源主要有三个：物联网、互联网和移动互联网）。物联网的系统性更强，辐射的范围更广。物联网不仅仅是传感器，更是提供支撑智慧城市的一个基础架构。物联网的存在使这种基于大数据的采集以及分析变成了一种可能。

目前网络上产生的数据量大于物联网产生的数据量，这主要是受制于物联网概念、设备的普及和相关技术的发展。物联网已被定义为中国战略性产业，写进了“十二五”规划。随着行业发展的日益深入、传感器数量的增多，其产生的数据量级要远远超过互联网和移动互联网产生的数据量。国务院总理李克强在做政府工作报告时提到，“创新是引领发展的第一动力，必须摆在国家发展全局的核心位置，深入实施创新驱动发展战略……促进大数据、云计算、物联网广泛应用。加快建设质量强国、制造强国。”

当前，随着物联网在日常生产生活中快速发展，越来越多的来自传感器和设备的数据不断产生，如对基础设施的监控、环境感知、智能家居、楼宇信息、人体数据、交通运输设备等。物联网的普及让越来越多的数据汇入到信息网络，进一步紧密地联系了信息网络系统与物理世界。

因为有了物联网，有了更多的传感器，大数据分析系统能即时获取到数据的维度越来越多，数据量越来越大，从而进行数据分析的价值变得愈加重要。数据的挖掘原本是对于历史数据的挖掘，而现在是对于实时数据的挖掘、基于数据对未来发展趋势的预测，验证了物联网以及相关技术和产生的数据在推进着大数据领域应用和相关技术的发展。

物联网与大数据深度融合，构建未来智慧生活

要真正构建智慧化生活的美好场景，物联网和大数据结合必不可少。事实上，物联网不仅仅是各种设备的连接，它的精髓在于精准地服务于人。在物联网分类体系中囊括了众多应用领域。智慧城市作为物联网的一个重要应用领域，其中包含了众多应用场景，包括智慧社区、智能楼宇、智能家居、智能安防、智能物流、智慧医疗、智能交通、智慧校园等。

以智能家居为例，智能家居设备（冰箱、洗衣机、微波炉）将能通过传感器自动检测自身故障，并将故障数据发送给厂家售后服务中心的服务器，服务中心根据故障情况判断为用户提供哪种维修服务。当服务中心的云系统对海量的设备故障数据进行了分析后，甚至能在设备出现故障前向用户进行预警。

以智能交通为例，最普通的就是进行车辆追踪，可以通过摄像头采集车辆数据。

当锁定一辆车后，根据车辆的特征或车牌号等信息，实时地追踪到车辆的行走路线和位置。目前，智慧交通领域的解决方案已经能通过布置在城市各个路口、道路两侧、道路下的传感器获取到海量、多维度的交通数据，并进行分析比对，从而较全面地进行整个城市环境下的交通状况，监控并发布相应的道路状况信息。在导航应用 App 中也可以实时浏览路况拥堵信息，为驾驶员选择最佳路线。但是这仍是一种事后分析和处理的机制。未来智能交通的使用场景中，智能导航和交通流诱导系统一定是基于大量的、多维度的实时数据进行分析的，在车辆出发前就给规划出最佳导航路线，并在行驶过程中进行智能化调整，而不是在事后进行处理。

数据自物联网产生，大数据助力物联网。物联网技术与大数据技术的深度融合，不仅加快了智能化的发展，还促进了需求在应用层面上的落地。我们日常生活离不开衣食住行，物联网 + 大数据将帮助我们把衣食住行变得更加方便，更加简单。

23 移动广告：大数据打开千亿市场

苏永刚

首席数据官联盟专家组成员，上海蓬景数字营销策划有限公司技术中心总经理。曾担任国家重大科技专项“核心电子器件、高端通用芯片及基础软件产品”课题负责人，并承担多项 863、973 计划项目。在计算机系统结构、云计算与虚拟化技术、海量数据处理与高并发业务处理等方面有超过 10 年的深入研究和丰富经验。

国内移动广告现状

最新 CNNIC（中国互联网络信息中心）数据显示，截至 2015 年，我国手机网民规模达 6.20 亿，较 2014 年底增加 6303 万人。网民中使用手机上网人群的占比提升至 90.10%，手机依然是拉动网民规模增长的首要设备。eMarketer（全球知名的市场研究机构）数据表明，移动互联网广告支出占到数字广告支出的 51%，同时也占到总体广告支出的 22.30%，超越 PC 端。

这是一个里程碑。移动互联网不再是广告业的某个微小的细分领域。预计在 2020 年，移动互联网广告将占到总体广告支出的 50% 以上，正式成为广告业的主流。未来5年，我们将见证这个历史性的过程在每个人的身边发生。

国内互联网广告的产业链构成有着浓厚的中国特色。需求方和供给方的界限有越来越模糊的趋势。不过总的来说，最重要的仍然是媒体和广告为主，以及规模庞大的中间服务机构。

媒体作为广告的最终供给方，正在采取一些实际行动，努力提升自身广告流量的价值。但是受到大环境的影响，广告流量的真实性和有效性仍然是无法回避的烙印。必须区别对待每一个媒体，让那些优秀的诚实人脱颖而出。

广告主作为最终的需求方，也正在以非常快的速度重新调整自己的广告营销策略。越来越多的广告主在设计符合逻辑的业务场景，与广告代理公司协力完成对广告投放的效果评估。

而中间服务机构则表现出来明显的“服务数据化”倾向。目前国内广告市场还处在数据相关性分析阶段，未来有望发展到数据预测性分析阶段。这里面最重要的环节是数据的获取与分析。获取不到足够规模的数据支撑，无法在这个阶段产生有意义的作用。大家看到几乎所有的广告代理公司都在组建数据分析部门，这是一个非常明确的趋势。

大数据助力移动广告提升效率

移动广告的数据有很多，媒体数据、运营商数据、电商数据等等。不同于其他公司强调自己拥有多少媒体数据，蓬景数字将重心放在了网关DPI（Dots Per. Inch，每英寸所打印的点数）数据的获取上。

电信能带给蓬景数字的不止是数据总量的“大”，还让每天足量的数据更新成为可能。这意味着，广告主想要的“人”正在做什么，蓬景数字都能知道，这就是网关DPI数据的魅力。

简单来说，中国只有有限的几张光纤网络，这些光纤网络的拥有者就是基础运营商。在基础运营商的管道中流淌的数据，相比个别企业，无论从数量还是质量都要高很多。目前，蓬景数字已与中国电信、中国联通进行了固网、移动网关DPI数据合作，并与中国移动达成了区域性的合作。

PC端精准广告的基础是cookie（储存在用户本地终端上的数据），而移动端是一个又一个的App（手机软件），cookie这个基础不存在了，这时候网关DPI数据恰好可以充当。

此外在部分面向家庭的产品广告投放过程中，家庭宽带形成了聚合家庭成员的作用，使得我们能够明确识别出家庭的边界，精准地投放一些可以影响家庭决策的广告内容。

大数据助力移动广告效率提升，目前最重要的是在相关性分析方面。从服务的发展阶段来看，目前的相关性分析已经能够为广告投放带来非常明显的效率提升。我们正尝试在互联网环境下展开预测性分析，在时效性上改变目前用户需求领先广告投放的现状，达到引领和激活用户潜在需求的水平。该挑战相比电子商务应用的推荐要困难很多，需要时间来打磨。

移动广告的精准投放关键在人。比如充分利用运营商数据挖掘移动设备的上网行为。除了对广告受体进行精确的挑选，在广告投放过程中，也可以利用数据分析手段分析广告投放场景对各种转化率的影响，根据产品的不同，选择合适的媒体位置和形式。

移动广告的实践应用与未来

移动广告在传统行业已经有了实践应用。以汽车类推广为例，我们在一个项目中用“奥丁”（DSP，Demand-Side Platform）打通了客户和 4S 店的交流过程，以及最终汽车的支付和交付过程，也能够完成传统的触媒分析：到底谁看了广告以及各媒体对营销的帮助程度，并通过世界树分析买车人的其他行为，比如他平时都在朋友圈里看什么文章，他在电商里看什么东西等等。这样再进行投放，结果是非常有效的。

移动广告的市场份额在未来 5 年将会持续快速增长，相比未来几年的 GDP 增速来看，这是一个非常难得的阳光产业。从比例上看，移动广告也将快速巩固自身地位，快速拉开与 PC 广告乃至传统广告的差距。简单的展示广告将让出主流位置，视频、原生广告将凭借更大的信息量得到迅速发展。同时会有更专业的企业从事个体识别业务，帮助广告主在不同设备、不同场合识别出同一个个体，实现跨屏、跨界的打通，做到精准投放、精准营销。

大数据创业：如何降低法律风险

王渝伟

首席数据官联盟专家组成员，首席法律顾问，观韬中茂律师事务所合伙人，专注于互联网、大数据、碳排放等新兴行业领域的法律服务，主要业务领域为资本市场、工程、环保能源及争议解决。

法律大数据应用现状

现在各行各业都在进行“互联网 +”，下一步可能是“大数据 +”。实际上在法律行业，现在已经有不少先行者在进行“互联网 +”，甚至是“大数据 +”的探索。比如利用法律大数据进行法律检索工具、客户关系管理等业务的创新。这其中有不少是和大数据公司合作，通过专业大数据公司的技术结合法律服务行业现有的公共数据，以及法律机构过往已掌握的数据，在法律服务这个细分领域进行实践。

另外一个方面是法律服务行业在大数据细分领域内的“法律 +”。大数据行业和别的行业还不一样，这个行业涉及到的法律问题更多。有人说法律法规是制约大数据发展很重要的因素。确实在很多时候数据的所有权、使有权、隐私保护、数据安全等很多问题需要解决，而且这些问题都不是用技术手段就能解决的，比如病例数据是病人的还是医院的都还存在大的争议，那么如何应用这些数据还需要考虑更多的问题。

大数据发展的法律障碍

现在国内的大数据行业面临的最突出的法律障碍，一个是关于数据权利的界定，另一个是关于数据的公开，相关的法律真空阻碍了行业的发展。

首先，数据权利。这里说的数据权利是一个复合的权利，其中最核心的是两方面：数据控制者的权利和数据主体的权利，先看数据控制者的权利，即政府以及大数据企业等实际数据控制主体的权利。这个权利解决的是对数据的控制、使用问题，大家主要关注的是其财产属性，比如大数据公司好不容易抓取来数据并进行分析，最后却发现自己不享有对相关数据使用、转让的权利，那就失去了盈利点。因此这一块权利的界定直接关系到大数据企业商业模式的存在基础。之前的解决办法一般把这一块的权利归入版权，希望通过版权的方式来达到保护数据控制者权益的目的。但版权实际上和这里讲的数据控制的权利是不同的。用版权的方式来保护有很大局限，而且大数据企业等数据控制者对数据所享有的权利到底是不是版权还是部分属于版权的范畴本身也是存在巨大争议的。另一个权利是数据主体的权利，也就是个人、企业等数据来源主体的权利，一般包括同意权、获取权、知悉权、删除权、修改权、补充权等权利。这类数据权利的建立具有很高的技术特性，规定的是如何收集和处理个人、企业数据的规则，兼有人身权与财产权的属性。大数据企业所遇到的一大法律风险点就是侵权问题。当这个权利界定清楚了，哪些行为侵权自然也就明晰了。现在的情况是，侵不侵权，个人往隐私权上靠，企业往商业秘密上靠，这里面是有局限的，主要还是没有对大数据相关权利进行界定造成的。目前为止，我国还没有专门的法律法规来界定数据权利这一概念。为此我们也在建议当立法条件成熟的时候，尽快出台大数据相关的法律法规，对数据权利进行专门的立法规定。

第二个障碍是数据公开问题。数据源对于大数据企业很重要，但搞大数据行业的人同时也知道，大多数有应用价值的数据都掌握在政府及公共部门手里，相对于其他渠道的数据，政府公共部门的数据相对准确，这也决定了数据的价值。然而，基于种种原因，这些数据大多并不能为大数据企业所用。一方面是基于数据安全的原因，但另一个更重要的原因是我们没有关于数据公开的法律法规。在没有法律约束的情况下，政府及公共部门一方面是没有动力来开放数据，另外既然没有权利那也没有义务来公开。能不能公开？怎么公开？哪些可以公开？在没有十分明确的规定前，不公开肯定比公开省事，关键是不会做错事。政府、公共数据的公开已经成为制约大数据行业发展的一个突出问题。当然，我们也看到政府部门正在试图为行业发展扫清这样的障碍。比如在大数据行业发展比较积极的贵州，国内第一部大数据领域的地方性法规《贵州省大数据发展应用促进条例》就规定对公共数据开放实行负面清单制度，这就是很好的探索。以后哪些数据可以公开一目了然，相关部门如果再不公开，就有法可依。另外，包括杭州、上海在内的一些城市也通过各种政策性文件，对政府、公共部门的数据公开做出了规定，让行业看到了希望。当然，我们还是希望能有更高层级的法律文件出台，对数据的公开做出规定。

数据隐私保护现状

隐私的保护在现实的法律环境下，是大数据企业尤其需要重视的。有人说，信息时代，个人已经没有隐私，隐私权已死。更有人提出，大数据行业没有专门关于隐私的法律规定，因此行业监管不够。诚然，我们是没有大数据的专门立法，但是不代表大数据的发展就和隐私保护无关。

虽然我国没有制定专门性的个人数据或隐私的保护法，但相关规定并不少，这其中包括刑法、侵权责任法、消费者权益保护法、互联网信息服务管理办法、侵害消费者权益行为处罚办法、关于加强网络信息保护的决定、电信和互联网用户个人信息保护规定、关于审理利用信息网络侵害人身权益民事纠纷案件适用法律若干问题的规定等。其中刑法中出售、非法提供公民个人信息罪和非法获取公民个人信息罪等罪名更是需要企业特别重视的。这些都是企业在发展中巨大的风险点，需要特别注意。

提到隐私会联想到个人数据。涉及个人隐私的数据叫敏感性个人数据，不涉及个人隐私的数据叫非敏感性个人数据。区分敏感性个人数据与非敏感性个人数据的目的在于对其保护程度与方式的区分。未来我国数据立法关于个人数据保护模式的选择将直接影响到众多大数据企业的切身利益。

欧美国家在个人数据的保护立法政策上选择了不同的模式，这将是未来我国立法模式选择的方向。如果你的企业想把业务拓展到海外，那么当地对于个人数据或者隐私的保护的法律政策就需要好好研究了。

出于文化、历史以及经济等原因，欧盟在立法上倾向于对个人权利的更多保障，而美国的立法则倾向于对数据自由与技术的更多关注。欧盟之前通过的《一般数据保护条例》也就是 GDPR，被称为史上最严苛的数据保护规定。其中“被遗忘权”规定，个人如果不希望自己的数据由某公司进行处理，并且“只要没有保留该数据的合法理由”，该数据就必须删除。据媒体报道，谷歌公司在开通该服务后的 4 天内，就收到欧盟民众提交的超过 4.1 万份个人信息“被遗忘”请求。这势必对数字营销及其相关行业产生重大影响。对于新兴领域的大数据行业来说，欧美哪种立法模式更为友好不言自明。未来我们的立法模式是效仿欧洲还是美国，对行业内公司来说应该是一个需要长远考虑的问题。

大数据实践经验分享

从过往的经验来看，新兴行业的发展往往都存在一些共同的特点，比如新兴行业意味着该领域所遇到的很多法律问题都是全新的，该领域的法律法规往往都处于现实的空白，这就需要法律从业者特别是专业法律机构提供一些前沿的法律研究。一方面，如何利用法律研究来预判、解决新兴行业在发展道路上，特别是商业模式上亟待解决或者可能遇到的法律障碍；另一方面，如何在现有的法律体系下利用现有的法律来解决企业在具体发展中所遇到的问题。这就需要我们对已有法律法规进行深入整理、挖掘，用现有的法律解决现在的问题，同时更要对行业的新法律问题进行前沿性的研究。有些问题可以通过借鉴国外的做法来解决，更多的问题是需要结合国内行业发展的具体情况进行新的探索。

上述这些共性特点，为我们在新兴行业领域内提供法律服务创造了条件，关键就是深入了解行业，利用现有法律解决现有问题的能力，以及对行业前沿法律问题的研究能力。这些工作有时候是十分困难的。但令人欣慰的是，很多的企业创始人法律意识很强，他们十分关心企业商业模式、核心技术等法律问题。因为在企业初创时期很多法律风险点是可以预判并提前解决的，所谓船小好调头。等企业做大了才发现原有商业模式存在巨大的法律障碍和风险，彼时再解决成本就会太高了，而且有时候是无法逆转的。

企业应该经常进行自我评估，保证自身业务符合当前的法规。尽早在企业内设立大数据业务的法务合规岗位，聘请有能力的专业人才，在关键的位置上有合适的人，将有助于企业对数据进行有效的利用和减少犯错的机会。其次，企业应多关注行业有关法规政策的更新。大数据是新兴领域，很多法规政策变化快。企业一步先步步先，当然也会因为一步的错误而错失机会甚至遭受难以承担的损失。

第 4 章

大数据落地三部曲：顶层设计

企业如何拥有正确的大数据思维

马兆林

首席数据官联盟专家组成员，互联网顶层智慧研究院院长，曾任安邦金融集团网络信息中心高管，现任移动互联网顶层赢利智慧研究院院长、互联网金融大数据产业联盟理事、北京大学、清华大学等知名高校特约讲师，2014 年全国 CIO 风云人物。国家“十一五”计划科技部数据库课题组专家，《一本书读懂大数据》《中国制造 2025 强国之路与工业 4.0 实战》作者。

大数据思维之重

大数据带来大转型，大数据时代要变的首先不是商业，而是思维。不拥抱大数据，传统大公司就会被淘汰。

近期大型企业转型有个突出的特点：传统过剩产能大型企业的关停。国家下决心进行传统工业的转型，去库存的同时关停生产线，并安置员工，这是顺势进行的企业改革。时代已经变了，一些生产方法应该退出历史舞台。未来成功的企业一定带有互联网 + 大数据基因。传统资源型、垄断型企业成功模式越来越少，当然大数据垄断型企业会越来越多，成功的几率也很高。

企业能够在市场中长存并长青，这是每个企业家的梦想。但是在市场竞争越来越激烈的年代，优胜劣汰的自然法则表现得更加突出。企业想要在生存中求发展，就不得不改变原有的生产技术、管理模式。大数据时代，随着营销方式与模式的转变，特别是互联网的出现，不拥抱大数据，传统企业将在如此激烈的市场竞争中无法立足。

一些大企业拥抱大数据的决心和动力已经远远超过了预想范围，他们对于互联网的热衷度难以想象。对互联网所提供的大量关于消费者的数据进行分析，可以极大地帮助企业和公司与消费者进行实时互动，更加深层次地了解消费者需求，营造一种开放和互动式的销售氛围，为企业和公司创造更大的商业价值。

1837 年，宝洁公司创立，至今已经有 180 岁。它不仅在市场上能够长存还能够如此有活力，跟大数据有着密不可分的关系。尽管宝洁公司连续两个财年的营业额已经超过了 800 亿美元，但是它不仅仅满足于此。通过应用大数据，宝洁不仅顺利转型并且逆袭成功，2012 年营业总额达 222 亿美元，与 2011 年同期相比增长 2%，净盈利增长了一倍以上；2015 年营业总额超过 600 亿美元，稳坐当年全球日化销售头把交椅。通过宝洁看到，企业必须拥抱每个时代的新技术，才能经营得更持久。

内外数据之力

长期以来，人们认为大数据时代仅仅是政府机构、金融机构才可以拥有。事实上情况并非如此。

虽然小机构可能会没有大数据，但是它可以拥有大数据，并且从更高的视觉角度来看待大数据。他们虽然没有自己的大数据进行管理或者整合，但是他们也有体现自身价值的重要数据。这些数据可能包括：成员名单、会员费用、活动费用、社交媒体分享数量、项目成果、捐款数目等。对于小型团体而言，他们的挑战不是数据收集，而是数据管理，可能不同的数据管理者管理着不同类别的数据。这样，识别数据会不会带来巨大价值是数据管理的一大挑战。解决这种困难的最好办法就是，需要对目标人群的行为、态度高度关注，并对这些行为数据、态度数据进行收集、分析和整理，并由此加强相关度，从而加强、修正甚至创造出新的项目和服务，达成组织目标，使沟通变得更加高效。

实际上，NBA（美国职业篮球比赛）已经通过大数据的应用带来了一场巨大的体育技术革命。NBA 联盟在比赛场馆安装了运动追踪系统，通过英特尔技术对数据进行分析，包括球员在赛场上不同区域的命中率、球员的能量区域效率。根据这些数据，教练可以在比赛前对球员布局做很好的调整，从而提高命中率。现在越来越多的体育俱乐部开始应用该运动追踪系统，从而有效地选择球员。该系统已经成为球队夺冠体系的重要组成部分。由此可见，小型团体、小型机构、小型组织、小型俱乐部等也有资格拥有大数据。越来越多的团体、组织结合内部和外部数据激发自身新的价值和内在潜力。

小数据之用

数据量的大小不能代表数据价值的大小。小数据更加注重的是实用性，关注的是效率、相关性，以及收集到的正确数据的数量和种类。举例来说，现在大数据在营销上应用很多，那是不是没有大数据就不能做大营销？当然不是。

大数据的应用过程中，作为市场营销者，往往需要的仅仅是一些较小的样本。对于一小部分客户群而言，只需要把注意力放在推动和改善业务细节上，就可以使品牌在营销中更加具有个性化。最重要的是，这些小数据实际上就在营销者身边，只要愿意收集，便触手可及。

通常，消费者希望通过各种方式包括人的交流、产品的使用来满足自己生活的需求。而营销者可以通过对数据的利用获取产品来满足消费者需求。小数据本身就是以客户为中心，营销者可以借助小数据更加快速地认识客户、了解客户需求，从而帮助客户随时随地地找到他们希望拥有的产品。

消费者需求得以落实，便会以企业盈利的方式回报与企业。随着消费者数量的积累，企业获益越来越多，最终实现了企业大营销。充分利用“小数据”为产品及服务的不同定位做出正确的营销战略决策，依然可以实现企业大营销。

数据价值之思

企业对于大数据的重视程度日渐高涨，各行各业对大数据的收集与应用已经形成了一股热潮。企业收集和利用大数据所产生的这份狂热，反映了大数据已经深入人心。由于大数据技术的迅猛发展，一些对大数据的囫囵吞枣的浅知和误解也随之流传。很多企业错误地认为只有获得所有数据才会有机会得到更多有价值的见解，从而做出更加正确的决策。

大数据本身是一种实实在在的技术，它在生活中的应用已经相当广泛。人们通常觉得大数据无所不能。但是企业要懂得应该如何获得有用数据,如何让数据有用，而不是一味地追求获得所有数据。更重要的不是怎样分析所拥有的数据，而是想着通过哪些数据可以得到真正有价值的结果。

事实上，获得的更多或所有的数据未必带来正面的业务影响。通常情况下，人们会认为获得数据越多越好，尽可能地获取所有数据，不应该把数据浪费掉。但是实际上，如果所收集的数据杂质太多，即便是收集的数据十分全面，量非常大，但是也会整体上拉低数据分析结果的准确性。这就要求获取数据前，应当对数据进出的每个环节做出一个清洗、筛选的处理或限定设置。与此同时，数据链的每个环节都会有所交互，数据处理完之后的信息可以供下一环节使用，或者后边的环节对前边环节产生反馈，促进前边环节制定出更好的结果。此外，数据是不断更新的，采集数据的时候也需要有所筛选，从而采集那些实时的有价值的数据信息。陈旧的数据已经不再适应不断发展变更的市场了。分析和处理那些陈旧的数据不但会影响企业做出决策的效率，还会使做出的决策产生偏差。

大数据助力企业发展

“大数据”目前已经是业界和学术界舌尖上的热词。大数据技术具有广阔的发展前景。大数据就像一个传奇人物一样受到人们的青睐和敬仰。诸多企业纷纷挖掘大数据的潜在价值，期盼自己能够跻身在这茫茫商海中。有的企业甚至认为有了大数据这层屏障，就能够保证企业无论是现在还是未来的发展必然会畅通无阻，万无一失也不足为奇。事实上，事情并不是人们想象的那样。大数据也会存在一定的问题，也会面临一定的风险，不能保证任何时候都是万无一失。

大数据样本代表性。收集数据的时候，并不能够收集到全数据。而大数据通常是涵盖了大规模、精准、细化等完美的字眼。此时，所收集到的数据与大数据的样本代表性相挂钩，一旦抽样，在选样、测量以及误差矫正方面就会不尽如人意，好的数据将被恶劣化，大数据将被虚化。

大数据真实性。在大数据十分庞大的今天，注水性数据也不乏混入其中，数据造假获利的事例也越来越多。因此，面对网络发布的如此多的信息，企业对其大数据的真实性难以辨别。数据源是否具有真实性、全面性，以及处理方法是否具有科学性，是大数据走向权威和可信的必要保障。

大数据的相关性误差。通过一定的算法和模型对变量元素进行相关性分析，利用大数据处理简单的情景是可以做到的，但是在相对复杂的系统中就容易走偏。相关性要体现在真实的数据之间。如果数据稍有偏差，那么大数据分析结果就可能相去甚远了。

大数据的安全性。为了追逐大数据背后隐藏的巨大经济价值和政治利益，我们的日常生活正在被数据化、被跟踪、被记录，因此个人信息安全问题便随之而来，账户被盗并受到攻击、身份被伪造、认证或证件失效、密匙丢失等问题频频出现。数据安全受到了威胁，甚至带来了巨大的损失。

大数据泡沫化。随着大数据对企业的冲击，视觉数据逐渐出现，有的企业已经将大数据泡沫化，无论有无需求，都要与大数据挂钩。大数据只有实用化才能真正解决企业发展需求，才能实现大数据真正的美。

有了大数据并不能保证一切都能万无一失。只有将大数据真实化、实际化、严格管理化，企业才能将大数据应用自如，才能对企业的发展有所保障。

国内企业如何正确实施大数据战略

郑曙光

首席数据官联盟专家组成员，翱旗创业（北京）科技有限公司首席技术官，近20年IT行业工作经验，其中10年大型外企公司（EMC、Oracle等）的管理经验，具有丰富的IT领域知识和实践经验，并以技术总监身份组建Oracle数据集成解决方案部。

中国大数据处于初级阶段

当前，中国大数据仍停留在一个相对比较初级的阶段。从两个维度上来看，一是从整体的数据管理角度，并没有把企业的所有的数据作一盘棋统一来考虑。二是从业务的层面来看，并没有把跨部门、跨不同职能之间的数据和业务更紧密地放在一起，做大数据的一个分析和呈现。

同时，现在市场更多地把技术发展押宝在Hadoop上，缺乏真正的自主的、创造性研发。国内大多的大数据公司是基于某一个特定场景、特定用户去实现基于其场景的数据分析。但在这个过程当中，数据的割裂和各自为政的局面并没有完全解决。

举例来说，国内的某一家比较领先的银行，他们至少有3个不同的大数据的项目，其实这本身就是大数据的一个笑话。就一个企业来说，它所有的数据应该合而为一，能使整体的数据来发挥完整大数据的价值。人为地把它割裂成不同的维度，其价值也就有所降低。其原因是，一方面，他们从技术上难以把数据全部拿到一起；另一方面，国内对整个大数据能发挥的作用认识不到位。

大数据实施前的准备

欧美国家经济比较发达，在大数据概念提出之前，它们的 IT 建设在数据治理方面比较完善。但中国基本上是一个空白。所以，对于中国的企业来说，首先要把这一部分补足，否则大数据的基础不牢固。再比如数据治理，过去提主数据、元数据、数据质量等等内容，并没有从数据治理的角度去分析哪些数据与业务上的主数据不同、系统间数据的关联依存和标准是什么。同时企业运转的过程当中，物理真实世界不停变化时，数据能否及时调整和改变？如果没有，那么数据的质量已经不能够真实反映物理的世界。另外，从元数据方面来看，因为对于很多用户而言，元数据似乎离他们很远，他们很难去理解它真实的价值。反过来翱旗科技提出另外的一个说法：当一个政府或企业想要去分析数据时遇到的第一个问题——他知道他有什么样的数据吗？如果他连自己有什么数据都不知道，他更不能知道他能用已有的数据干什么、做什么样的分析。所以第一件事，翱旗科技需要帮助用户去摸清他自己家底，也就是数据资产。数据资产管理应该是在大数据的建设当中必不可少的、关键的基础环节。

数据驱动未来

在过去 20 年，企业就已经广泛运用数据仓库和经营分析的项目。现在提到的大数据跟过去的经营分析有什么不同？由于计算能力的限制，过去的经营分析往往让计算机作人经验的一个延伸。用户认为某种情况下应该有什么样的数据关联，就用计算机来帮用户找出来。等到明确地去把这个场景找到之后，再由用户进行判断。

以啤酒和尿布的故事为例。沃尔玛做了一个数据分析，他们发现了一个情况，购物小票上关联度最高的两个商品竟然是啤酒和尿布。因为当孩子需要尿布时，年轻的父亲就被指派出来购买尿布，而父亲都会顺手买上几罐啤酒。于是沃尔玛就把这两个商品摆放得更近，以便于增加这种购买组合的成功率。这个分析的过程并不是计算机自我发掘的过程，而是人类要求它找出在购物小票上有最强关联度的两个产品。他们并不知是否还有其他的关联关系。而在大数据时代，计算机能够自主去发现一些人类没有发现的规律，而不仅仅依靠着人类已有的经验。

所以，翱旗科技并不简单做跟风的数据分析，而是立足核心、立足基础、打造平台。翱旗科技的目标是让数据平台本身先应用上基于数据的自学习，让计算机真正简化对数据的管理过程，提供给更广泛的用户简单易用的数据平台。翱旗科技的理想是“数据驱动未来 让数据唾手可得”。

国内大数据的挑战与机遇

正如前文所述，初级阶段面临了许多的挑战与机遇。举一个案例，笔者在 Oracle（甲骨文软件系统有限公司）工作的时候遇到了一个客户，它的数据场景拥有非常庞大的数据。在将情况反馈到美国的研发总部后，得到答复是：数据量太大，从未遇到。笔者表示，这意味着，因为人口红利、庞大的社会，中国拥有世界上最大最复杂的数据量级，没有任何一个成熟、先进的体系可以参照。

虽然对比先进的发达国家在 IT 上的建设，我国仍然有一些路要走，但现在我国所面临的环境，凭过去的经验已不能满足，需要发挥自己的创造力。这对中国无疑是一种极大的挑战，同时，它又是一个非常大的机遇。如果能克服这一困难或挑战，那么我们的数据技术就一定能满足世界上其他国家或者企业的数据业务需求。因为没有哪个国家拥有如此庞大的数据量级。届时，我国大数据领域的技术一定是全球最领先。

但要实现也并非易事。从技术层面，我国要处理的数据的量全球最大，数据的复杂度或者数据的来源最广泛；从业务层面，中国也有着更复杂的一些业务，比如说春运，这种状况在全球都不存在。欧美虽然也有圣诞节，但不会产生像中国这么典型的“迁徙”过程。这是中国特色，但不仅仅是由于人口、由于经济的发展不均衡等等造成。

要面对这个挑战，首先要去深入地挖掘中国用户的需求，理解并实现；其次，在这个过程当中，通过现有的分布式的计算的体系，利用现在 Hadoop 技术带来的创意，用横向可扩展的集群式的架构，将性能提升，对海量数据、对超出全球其他范围所拥有的数据量的数据进行集成、分析、运算。

这也是翱旗人的一个使命。翱旗科技的目标就是要让数据唾手可得，让数据的获得简单，成为不需要大量的现场人工就能完成的事情。

企业落地大数据的五要素

苏萌

首席数据官联盟专家组成员，国家“千人计划”专家，北京百分点信息科技有限公司创始人、董事长。

企业使用大数据面临挑战

无论是互联网企业还是传统企业都在思考和探索如何“+ 大数据”。根据北京百分点信息科技有限公司在实践中的观察，转型失败的案例远远多于成功的案例。显然，当企业在面对海量、实时、多源异构的大数据时，往往因为缺少平台、技术、团队和经验而束手无策，其难度不亚于历史中任何一次企业转型。而目前的大数据技术和应用提供商中真正能够做到落地的少之又少。事实上，并非这些公司不愿意帮助企业落地大数据，而是面临的困难非常艰巨，缺乏经验或者没有可以借鉴的案例，正所谓知易而行难。

另外，从应用大数据的企业来看，通常有两种情况：第一种是企业把大数据想得简单了，对于大数据深入的学习或者深入应用的关注度不够；第二种是企业过于神化大数据。其实大数据的作用是通过深入地了解消费者及他们的行为与偏好，预测出将会发生的事情。但如果说企业因为有大数据就可以改变世界，难度很大。

大数据落地的五要素

在为众多行业和企业提供大数据技术与应用的过程中，百分点总结了让大数据落地的五大要素——百分点“+ 大数据”百思可（BASIC）模型。

第一，核心信念（Belief）。数据是企业的核心资产，也是企业最高层决策者的核心信念。未来，数据 = 生产资料，数据技术 = 生产力，数据 + 数据技术 = 核心竞争力。如果企业的最高决策者没有这样的核心理念和战略，企业的“+ 大数据”之路必将失败。马云曾提出，阿里巴巴并非是一家互联网公司，本质上是一家数据公司，而做淘宝的目的就是为了获得所有零售的数据和制造业的数据。他的核心信念是数据。近年来，他在不同的场合反复地宣扬，让数据资产这一理念在公司内外都得到传播和强化，逐渐成为企业的核心信念。

第二，架构设计（Architecture）。对数据价值的信念只有通过设计和调整相应的组织架构才能得以渗透和传递到企业的各个层级。数据驱动的管理和运营的思想应该充分体现在面向数据业务的组织架构中。这并不是说要把原有的组织架构完全推倒，而是需要局部的精心设计和调整。例如，政府成立大数据管理局或大数据办，企业开始设立首席数据官。很多企业的下一任管理人员将来自这些能够带来新思想和新架构设计的数据业务管理者。当然，这个备受瞩目的岗位也充满了艰难和挑战。

第三，专业团队（Staff）。搭建专业的数据团队不难，但问题往往发生在团队建立以后。一个常见的错误就是把数据团队孤立起来，或者与业务完全隔离，或者仅仅让他们被动地提供数据。业务决策者往往因为不懂数据的处理过程或作用而不重视与数据团队的协作，导致数据价值无法发挥。只有让数据团队与业务团队有效沟通，主动参与和支持业务决策，才能增加整个公司的数据利用效率。美国有一家酒店服务公司叫 Airbnb，它自己没有一栋楼一个房间，但成立七年后估值就超过了万豪国际酒店集团，估值达到 200 多亿美金。因为这是一家重度运营的公司，大量使用数据科学家对运营效率进行优化和提升，在数据团队的管理和协作方面做了长时间的尝试。验证结果是嵌入式远远优于集中式管理。

第四，基础设施（Infrastructure）。为了实现“+ 大数据”战略，企业需要建设从数据采集、存储和处理到分析和应用的软硬件设施。整套基础设施对人力、财力和物力的投入要求是较高的。由于技术不断地进化，需要持续地投入。无论是出于节约成本还是专业化管理，基础设施云化，交与专业的云平台公司全部或部分代管代运营是大趋势。无论是本地化还是云端，基础设施的缺失将导致“+大数据”成为空中楼阁。而传统企业通常遇到的问题是如何快速获得数据资产和数据变现。答案很显然，临渊羡鱼不如退而结网。没有一个容器，如何能承载和存留下来水呢？

第五，机构能力（Capability）。对于传统企业而言，大数据能力是一种新的综合能力。如果只有少数的高管和数据团队能够理解和运用，它还不能成为一种机构能力。只有数据核心信念从组织架构的顶层渗透和传递到了底层，且专业的数据团队嵌入式地参与和支持了各业务团队和决策流程，机构能力才有可能形成。一个企业是否具备了大数据的机构能力，取决于它能否持续地运用大数据创造新的商业价值。华为公司是一个典型的获得这样机构能力的例子，在搭建了大数据平台并打通用户行为数据之后，不仅是营销，售后服务、产品设计和运营等多个业务环节都用上了大数据技术，深度创造商业价值。

中国大数据发展的方向

第一大趋势：大数据一定会沿着垂直领域进行深入。百分点不相信会有一种通用的大数据技术、大数据解决方案适应不同的行业，比如制造业。百分点所服务的像家电制造业和汽车制造业，他们的数据结构完全不一样，所需求的数据也不一样。百分点认为在垂直领域有两个方向可能是让企业目前最容易看到的应用，一个是营销应用，包括用大数据更精准获取新的客户，更低成本获取新客户；第二就是企业的运营支持。

第二大趋势：大数据在企业级的软件市场将会有更多的突破。百分点认为大数据领域会有很多专业的企业，百分点也是其中的一环。在中国，本土的企业能够代替之前 IBM、Oracle 等类似的大企业软件市场。从服务角度，百分点认为有三种，私有云、公有云和混合云方式，他们对数据流动性起到不同的作用。

第三大趋势：数据融通。如果数据不能够在企业之间进行流转，每个企业都是一个数据孤岛。百分点希望有一种方法能够在企业数据孤岛之间建立起桥梁，让企业数据能够在企业内部和企业之间流动，同时保证用户隐私和数据安全。

28 如何才能让大数据发挥自身的“大价值”

吴明辉

首席数据官联盟专家组成员，北京明略软件系统有限公司董事长，北京大学数学学士、计算机软件与理论硕士，拥有 20 余项国内外发明专利，多次获国际算法大奖；拥有超过 15 年的软件开发经验和 11 年的软件开发管理经验，曾亲自负责和指导过多个大项目的研发管理和项目实施，包括网络数据监测分析、精准营销大数据平台、大数据挖掘分析平台、企业级大数据平台项目等。

《2015 中国大数据应用前沿调研报告》指出，在大数据的价值链中“数据、技术与思维三足鼎立”。对于数据、技术及思维的掌握决定了大数据能够创造多少商业价值。大数据价值在于与各类行业的融合应用。

以金融行业为例。在数据方面，金融行业的数据已经非常之多；技术方面，大数据时代传统金融行业面临新的技术难题，传统的分析方法难以适应大数据的管理需要，企业需要更有效的数据挖掘算法；在思维方面，国外金融机构已经将大数据技术在风险控制、运营管理、营销支持及商业模式创新等领域进行了全面尝试，但大数据的更多价值还有待发掘。

可以说，通过数据采集、数据商品化、数据整合，应用提供商将产业内、不同产业间、企业内、不同企业间的安全数据流通与共享变为可能。大数据与产业融合成为四通八达、全面连接发展的面。

再比如说，电网的数据和税务数据连接起来，通过客户的用电量，就可以知道产生了多少税收。这就是数据价值的一种具体体现。此外，大数据还可支持决策。现在每个行业都在联网，创新、生产、管理、客户、竞争对手等各种数据，融合联通后，通过分析这些数据，就能够实现优化行业的投资结构等，并支持决策者把好的资源分配到最好的内容上、服务上。

数据交易现状

随着大数据时代的到来，数据本身也在商品化。数据已经逐渐成为一种新型生产要素，由此产生了数据交易的新兴环节。2016 年以来，与数据交易相关的各种平台正在遍地开花。那么，数据真的可以交易吗？数据的交易在实际操作过程中会面临哪些问题？

直接交易原始数据确实存在很大风险。但数据公司可以通过一些巧妙的方法去做好数据的挖掘和加工。在数据交易过程中，应清楚地认识到数据的交易理念与传统交易的不同。一方面，同样的数据可以产生很多不同应用；另一方面，数据可以重复利用。这就意味着交易原始数据在产权和所有权上会出现很大问题。我在做交易的时候，你把我的数据买走了，之后你继续卖怎么办？硬生生地将原始数据做交易实际上是对数据行业非常大的挑战。

还有数据的所有权问题。举例说，阿里巴巴很多数据的所有权其实是在每位顾客手里。消费者在阿里网站上消费，阿里得以存储这些数据，但本质上这些数据还是属于消费者。如果这些数据在未经消费者允许的情况下给别人用，就侵犯了消费者的隐私。所以直接把原始数据进行交易会产生很大的法律风险。

针对此问题，公司不会直接对原始数据进行交易，而是更愿意基于一些数学模型，在数据上做加工，然后将加工的结果提供给客户。这样可以不侵犯原始数据的安全性和隐私性。

数据面临的安全问题

从斯诺登事件后，整个中国政府，包括企事业单位，对数据安全都很重视。数据安全在大数据领域尤为重要。因为传统的 IT 系统，是一个个孤立的系统。而到大数据时代，最核心的工作是要把一个个系统连接起来。连接起来之后就会引发安全问题。

首先是数据量很大，需要使用大数据的软件技术产品。而绝大多数大数据软件技术产品源自开源系统。开源的大数据软件本身由互联网公司发起，不是为了安全考虑的，互联网都是开放自由的一套系统。

另一方面，把各种不同的部门，甚至不同的企业、不同组织的数据连接到一起之后，又涉及数据的权限问题。比如说在公安领域里面，可能不同的警种对数据的访问权限也不一样，不同级别的行政区划的单位或机关对数据安全的访问级别也不一样。

中国的整个互联网，尤其是移动互联网在全世界范围内发展得非常顶尖。像微信，阿里、京东，每天上面都有大量的大数据应用案例。比如说用户在电商平台上购买一个商品，平台会推荐其他的关联商品给大家。这背后需要利用大数据去做分析和推测。像互联网金融，很多的消费者可能之前并没有在这个银行办过信用卡和银行卡，也没有提交过太多的信息，但可以基于消费者在互联网上的很多行为对他进行风险分析，分析他的信用模型，从而给他一个授信的额度，让他更好地进行消费。所以金融、互联网上有很多的案例。当然在安全领域就更多了。

深入数据洞察，聚焦企业的真实需求

赵龙

首席数据官联盟专家组成员，HCR（慧辰资讯）CEO。历任慧聪研究员、研究经理、研究所所长、研究院院长，慧聪邓白氏研究 CEO，慧辰资讯 CEO。

以移动互联为代表的创新技术带来了海量的用户行为数据，收集数据也变得越来越便捷，使企业真正有可能近距离地观察消费者，甚至是竞争对手。大数据为未来各个产业的发展提供了非常广阔的发展契机。

此前，大数据的爆发更多还是集中在相对固化、比较简单的应用场景，例如精准营销、个人征信等领域。这也体现了大数据发展初期的一个状况：海量的数据已然出现，但还没有足够丰富的应用场景纳入其中。借助移动互联的发展契机，数据资源在小范围内得到盘活和应用，也巧妙地规避了传统成熟产业的壁垒。所以，初期的大数据爆发几乎都集中在互联网、移动互联网覆盖的领域。

但数据资产发展到今天，已经在各种垂直产业中有了更为多样的应用场景。尤其对于企业来说，面临着多种数据的需求，并不仅仅限于线上的数据资源，还包括企业内部、外部，各种大、小数据的结合有了更为便利的可能性。所以应用场景在未来会逐步变得丰富和立体，各种产业内的企业不断加入其中，将真正开启大数据应用的时代。

企业对于大数据的需求不是简单地解决某一个单一问题，背后附着的是整个产业链条的需要。在未来，企业级市场的不断加入会彻底扩宽大数据的应用场景，大数据应用的爆发将在产业端。

大数据应用存在的问题

对于企业市场而言，大数据无疑是一个很好的发展契机。首先企业要正确认识大数据的价值。海量的数据只是量级的一个体现，真正有价值的数据体现在两个方面：

第一要有“健康”的数据结构。像很多企业，本身就掌握了某一领域 80% 以上的数据资源，可以说企业所拥有的数据几乎就是这个领域内的大数据。但是量级仅仅只是一个方面。对于一个企业来讲，对它有价值的数据包括大小数据，企业内部、外部数据，同时又有针对企业的需求的数据。

第二就是数据不等同于数据资产。大家在“大数据”概念的影响下，很多企业都在不停地整合数据资源，扩容数据的量级。但是从根本上来说，数据真正的价值，是需要企业拥有“数据洞察”的能力，了解数据背后的真实含义，否则数据无法升级为企业的数据资产。不能变现的数据，对于企业来讲，只是个沉重的负担，没有真正的价值。

制定大数据战略

大数据领域可以做的事情非常多。对于一个企业来说，首先要学会“聚焦”。要非常精准地聚焦企业的真实需求，明确企业要解决的问题，再看需要哪些资源。只有这样，无论是扩展数据还是搭建架构，都才能做到有的放矢。

如果无目的、无限制地扩充数据，打造所谓的大数据能力，投入的时间成本和资金成本都非常高。在这个瞬息万变的时代，反而会错失发展的契机。

慧辰资讯提倡从企业应用出发，精确地瞄准前端的需求，来制定自己的发展步骤。

慧辰资讯提供数据深度洞察的能力，相信数据价值在于深度的挖掘与分析，通过多维度的行为数据，洞察用户行为背后的深度需求。同时，充分发挥大小数据结合的整体优势，深入行业应用需求，通过多源数据的融合、分析、应用，借助大数据把脉发展趋势，结合小数据揭秘背后的深层原因，为企业提供决策支持。

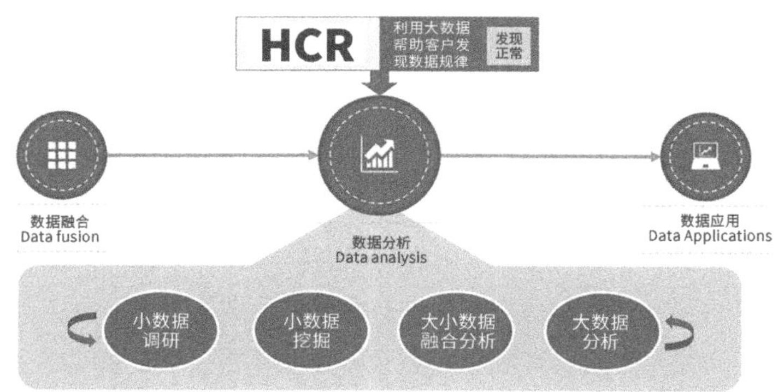

图 4-1　慧辰精准分析架构图

大数据应用实践效果相对成熟的产业，一般都拥有多渠道的数据资源。无论是内部数据还是外部数据，大数据还是小数据，企业在这个资源的选择跟聚焦上面面临最大的挑战，就是高昂的时间成本和面临的发展契机。

例如慧辰资讯服务的汽车领域就是一个明显的代表，属于高投入高产出的领域，产品开发和投入周期都比较长。因而数据在决策上扮演着非常重要的角色。

企业拥有丰富的外部数据，如汽车用户在各类相关移动应用、网站上的行为轨迹，包括舆情声浪等等。另一方面，宏观经济、整体产业发展数据等又构成了企业外部重要的小数据。

而企业内部的数据环境也处在大小数据的包围下。内部 CRM（客户关系管理）提供每日用户更新的海量大数据。而企业销售策略、历史销售数据、企业的市场投入等信息构成了内部的小数据。

慧辰资讯拥有成熟的大数据能力和丰富的行业经验，帮助企业深度分析、聚焦核心需求，实现内外数据的融合，有效整合大小数据资源，建立针对性的分析模型，借助各种行为数据推导消费者的深层动机，为企业的销售战略、竞争决策提供策略性的建议。这比之前企业简单地依据单一数据来制定策略要准确得多。

在未来，大数据将在企业发展的各个层面起到越来越重要的作用。但是如何正确地制定大数据的战略、把握发展契机，将成为未来产业深入应用大数据最重要的考量。

如何借力敏捷商业智能快速适应市场需求

张帜

首席数据官联盟专家组成员，大数据领域资深顾问，微云数聚创始人。张帜先生是中国 IT 泰斗级人物，WPS 核心技术曲线汉字发明人，国防科大荣誉教授，长期供职于微软的高级软件设计师，微软“维纳斯计划”技术主管，中国移动 139 手机邮箱研发负责人，某知名互联网金融平台 CIO/CTO。在信息技术领域深耕数十年的张帜先生现在已进军大数据领域，创办微云数聚，致力于打造敏捷商业智能云服务平台（SaaS），帮助企业快速实现智能化管理的梦想。

敏捷商业智能概念

早在 1996 年，有人就提出商业智能的概念，英文是 Business Intelligence，简称为 BI。它是一套完整的解决方案，用来将企业现有数据进行有效的整合，快速准确地提供报表并提出决策依据，帮助企业做出明智的业务经营决策。敏捷商业智能与传统意义上的商业智能的区别就在于敏捷二字，这体现在两方面：一是快速构建商业智能平台，二是实时分析和展示业务数据。传统的商业智能平台需要有专业的 IT 团队进行技术支撑，需要投入大量的人力和财力。比如，中国某著名卫视就请了一个外包团队来做商业智能，每年服务费支出高达近千万。但并不是每一个企业都能花这么多钱来做商业智能的。微云数聚搭建敏捷商业智能云服务平台，是为了让企业能省钱、省时，迅速实现企业智能化管理的梦想。这个平台运用了各种大数据技术快速构建满足客户需求的商业智能，包括数据抽取、存储、分析、挖掘、可视化等等。平台还运用世界最先进的图数据库技术来提升它的智能搜索和分析能力。

敏捷商业智能的优势

基于大数据的敏捷商业智能为企业带来的益处至少有以下方面：

首先，利用大数据技术的敏捷商业智能系统可以全面深入地展示企业的实时运营状况，提供决策依据，提升运营效率。通过大数据系统，一线的真实运营状况以可视化数据的形式直接呈现给中高层管理人员。企业和部门决策者能快速准确地掌握企业的运营情况，在做下一步经营决策的时候有据可依；同时企业的基层人员也能便捷快速地了解自身工作成效，形成自我监督和自我激励。

其次，关键指标的预警让企业有效控制经营风险。敏捷商业智能系统可根据企业经营特点设置关键指标。一旦关键指标到达警戒线，系统能即刻发出预警提示。运营人员可及时准确定位问题所在，及时采取措施降低风险。整个预警和修正过程在系统中能完整透明地呈现，既确保问题能及时解决，又能有效监督管理风险控制人员工作成效。

此外，敏捷商业智能系统能推动企业更快更好地适应市场需要。通过对历史数据的整合分析，大数据系统能帮助企业发现提炼出过往经营中的市场特点或规律，推动企业更快顺应市场发展趋势，更好满足市场需求。例如，对市场营销数据的归纳整理能清晰显示各类市场营销渠道和方式的效果，帮助企业找寻高效的营销方式；对用户群体特征的画像帮助企业准确定位产品，适应特定用户群体的偏好和需求。

可以说，运用大数据技术的敏捷商业智能系统对企业的运营现状展示、运营风险控制和运营走向预测等方面可发挥重要作用，对企业的成功经营有明显的积极影响。

敏捷商业智能系统与企业运营的结合

运用大数据技术实现的敏捷商业智能系统对企业运营发展会产生积极的重要影响。首先，最值得考虑的 SaaS 云服务方式，不仅使用便捷，成本低，还能通过配置实现一些个性化的需求。企业不需为该系统另行配备服务器，也不需自行搭建专业技术团队维护这一系统。但 SaaS 云服务需要根据企业运营特点构建图表模板，同时满足企业既可以根据模板自行接入数据接口，生成可视化数据界面，又可以另行定制数据展示内容和形式。当然，对于安全性要求非常高的企业，也可以将此平台部署到企业私有云或服务器上。

未来，在敏捷商业智能 SaaS 的平台上将会构建出针对不同行业的商业智能图表模板，建立图表模板和数据本身的交易平台，使企业能以较低的成本获取适合自身的大数据能力，同时有机会在平台展示可公开的数据内容，也可通过购买等方式直接获取相关公司和行业的一手数据。

31 CIO 如何用大数据助企业转型升级，提升竞争力

徐斌

首席数据官联盟专家组成员，原壳牌中国 CIO，《大数据管理——企业转型升级与竞争力重塑之道》作者。

《大数据管理——企业转型升级与竞争力重塑之道》一书谈到大数据对企业六个方面的作用：对决策的理性支撑、对运营的优化、通过数据的使用找到更多的客户、信息安全管理、业务创新和商业模式的变革。其中商业模式的变革对企业冲击比较大。因为数据的使用可能使企业的整个运营模式发生重大变化。但是反过来看也不单纯是因为技术导致的，更是因为企业在运营方面也需要做一些调整，需要寻找新的市场机会。通过使用大数据、互联网 + 技术等，企业将有一个工具和方法或者平台来实现其转型。所以商业模式的变革是业务转型的一个推手。从大数据使用上来看，特别是对中国的企业来说，首先不要认为大数据是万能的；第二不要认为只要使用了大数据，企业的所有问题都能解决；第三大数据的使用可以循序渐进。

CIO 角色的演进

CIO（首席信息官）的角色在不同发展阶段有不同的定义。

首先，IT 在企业中承担的作用或者定位早期就是一个修电脑部门，搭建电脑、办公室的自动化系统。此时 IT 应该叫业务的支持者，解决信息流的问题。

再往前发展，企业规模扩大，市场竞争力提升，IT 要承载一些业务需求来帮助流程合理化。这时叫业务价值的实现者。

但是到新的互联网时代，IT 已经成为一种新业务的建设者，就是说可以通过 IT 技术找到新的业务发展机会，比如通过对客户的分析可以找到一些新的业务增长点。这时候使得 IT 业务变成一个业务价值的推动者。

在互联网 + 时代往前发展，我们发现通过 IT 技术可以让整个公司的业务模式发生变化，可以产生一种新的业务模式。IT 成为了业务模式的变革者。

CIO 在 IT 发展的不同阶段，角色也在慢慢演进。在早期业务价值实现阶段，企业需要各种 IT 系统能够连接在一起，形成很多信息通道。CIO 的 I 代表 integration，首席集成官，主要解决孤岛问题。

然后到企业上 ERP 和供应链系统了。解决业务价值的实现作用的阶段，CIO 叫首席信息官。

再往前发展，企业发现可以用 IT 推动业务发展，产生很多新的业务。此时 CIO 叫首席创新官。CIO 不但承担 IT 的技术能力，还要承担解决业务问题、产生新业务的责任。这时 IT 已经成为一个利润中心或者一个业务中心。

再往前发展，CIO 成为商业模式的变革者，这时定位叫首席连接官。CIO 不再只是解决一个业务问题，解决一个新的场景，而是要把内在的资源连接在一起，把外部各种资源整合进来，为公司所用。对外是各种市场上的解决方案，对内是公司自身的业务，通过 IT 结合在一起。这样整个公司就不单是利用公司内部的资源，而是利用整个市场资源。这个阶段就是首席连接官。

随着 IT 在公司中定位的发展，CIO 的定位、定义也在发展。未来越来越多公司的 CIO 也将成为首席创新官，最后成为首席连接官。

国内外企业应用大数据的差异

首先从大的角度来看，是信息化 (IT) 定位上的不同。美国公司或者说一些欧洲公司都有很长的历史，在业务发展过程中 IT 的发展也是一步一步发展过来的，所以他们的 IT 都是比较重要的一个业务推动者，很多甚至会成为一个独立的业务部门，或者独立的职能部门，CIO 也参与整个管理层的战略决策。这时 IT 定位是战略层面的。大部分中国企业的 IT 定位目前还比较初级，IT 通常属于一个成本中心，IT 部门负责人是 IT 主管，基本上不参与公司决策，更多是有什么任务就去执行。

IT 定位上的不同，导致信息化使用，不管是 IT 投资、IT 规划，还是 IT 的信息应用效果来说，都会产生差异。新的技术其实有一个过程，往往一开始应用并不能马上看到效果。这时如果不从战略角度去考虑，不能有足够的投入和耐心，那最终很难达到预期效果。中国公司对 IT 的定位较低，更侧重如何降低成本，每一个投资都需要迅速看到一些实实在在的变化，这就造成很多有创意和创新的东西很难实现。大数据也是这样的状态，它是一个相对创新的应用方式，如果没有足够的耐心土壤不太容易成功，它需要一段时间的试错和培育。

第二，因为大数据是从国外真正应用和发展起来的。美国的大数据元年是 2012 年，中国是 2013 年。比如政府数据的开放，英国做得最好，美国也有很多数据公开的案例，并且有很多创业公司对数据的使用有领先的经验和创新的见解。所以从技术能力和实践历史来说，欧美公司走在前面。中国公司现在处在一个学习的阶段，包括整个中国数据开放的程度、对数据治理的能力、信息安全和个人隐私保护的法律法规都不是很成熟。所以这点导致我们很多时候使用大数据会碰到困难。同时大数据人才的建设也是一个非常大的瓶颈，这也是很多企业应用大数据遇到的困难之一。

第三是数据文化。因为欧美文化讲究的是一种客观性，讲究证据，所以整个决策体系相对比较理性。数据的使用和它的整个文化都是契合的。在中国的决策文化中，我们做决定都是相对比较模糊的状态，往往综合起来评估，很多时候是没有量化的，这种决策文化也会导致数据使用有一定的困难。所以中国企业使用大数据技术时，特别需要考虑如何建立数据文化。如果公司层面的决策都是基于客观、正确的数据，就会推进数据的正确收集和录入、数据质量的管理、数据的投资、数据价值的实现等方面，真正让数据产生业务效果。否则即使大数据技术很好，但是如果根本不用数据来说话，那就是没有效果的。

从上述来看，中外的企业在大数据的使用上还有一定的差距。反过来看，对中国企业也是有好处的。首先是后发优势。国外的公司做了很多案例，我们可以学习，我们不需要一切从零开始探索；第二，我们的用户最多，消费物料最多。中国是制造业大国，所以消费互联网、产业互联网、物联网等数据很多，这是国内发展大数据的优势。

所以说，大数据是挑战，也是机遇。

企业如何正确应用大数据

企业如何通过大数据实现转型升级呢？

第一，走出去，多看别人怎么做，增加自己的理解，通过分析别人碰到的困难，结合自己的企业实际，就可以知道如何做得更合理，更有效。反过来，通过别人的分享会找到一些好的解决方案帮助到自己。

第二，在企业内部挖掘人才。不要纠缠于大数据本身的技术，而要关注能够产生的商业价值。大数据的核心不在于多，而在于如何用。所以企业内部要脚踏实地地把现有的数据用好，用好之后让管理层看到数据带来的价值，这时可以慢慢引进一些新的技术，延展使用。同时可以利用一些免费平台，甚至可以找一些有兴趣的公司来合作，做概念验证，即拿一部分数据出来做分析，形成一两个针对现有业务痛点的解决方案，然后实验这个解决方案是否有效。如果有效，通过这个成功案例告诉管理层，我们应该做什么。所以大数据应用要循序渐进客观地做，不要跟风。

整体来说，企业应脚踏实地，小步快走，慢慢做出一些成功案例，积少成多，自然会有很大的突破。

第 5 章

大数据落地三部曲：技术支撑

如何应用网络搜索挖掘内容价值

张华平

中国首席数据联盟专家组成员，北京理工大学副教授、博士、研究生导师、大数据搜索与挖掘实验室主任，知名汉语语法分析系统 ICTCLAS 创始人，《大数据搜索与挖掘》作者。

云计算、智慧城市、移动互联网、大数据与物联网已经成为大数据时代的技术特征，实现了人、机器与实物的多维互联互通。对语言的理解一直是大数据深入应用的一道门槛。互联网上信息泛滥，需要从网络挖掘内容价值。网络搜索与挖掘其实就是四步曲：目标分解，信息收集，分析去噪，情报提炼。据此可以看出，要进行网络搜索与挖掘，也必须具备四个要件。

信息可达——互联网真实记录并可采集抽取到相关的信息，无论深浅，无论真假，无论规模；

群体规模——海量规模确保各类 UGC(用户产生的内容)能满足挖掘所需；

目标可解——挖掘目标本身具有可解性，能够进一步分解具体落实；

工具可行——检索工具与分析工具具备可行的计算代价与分析效率。

网络搜索与数据挖掘的应用场景

网络搜索与数据挖掘目前在政府舆情、军事信息战、企业竞争情报、个人社交等方面均具有广泛的应用前景。

一个实用案例是中国证监会的网络舆情系统。它会广泛搜集网上各种各样的信息，采集 BBS 论坛新闻，包括采集微博信息。采完以后进行各种分析提炼，可以发现有什么人在发布虚假信息。

再比如用于地图开发。GPS（全球定位系统）数据许多是从地图厂商那里来的。地图厂商们总是面临一个问题，某地新盖了一栋楼了，或者搬地方了，或者又多了一家宾馆，等等。地图厂商要获得这些信息其实是相当耗钱费力的，他们要每天派几百辆车在全国各地跑，一直跑一直拍，沿途发现什么地方变化了，或者路断了，就要分析再入库。用网络搜索和数据挖掘的手段来解决此事就方便许多了。现在是网络时代，例如某地要盖个楼、开家宾馆什么的，一般网上都会有消息发出来，那么就可以用技术手段，从新闻或网友发言中分析挖掘出来。地图厂商或交管局拿了这个数据，稍微核实一下就能够用来更新自己的数据库。

网络搜索和挖掘的技术链条

网络搜索与挖掘看似简单，其实是一个很复杂的过程，需要应用者对大数据文本的处理需求，需要完整的技术链条，包括网络抓取、正文提取、中英文分词、词性标注、实体抽取、词频统计、关键词提取、语义信息抽取、文本分类、情感分析、语义深度扩展、繁简编码转换、自动注音、文本聚类等。

但大数据文本处理这部分相对独立，又需要无缝地融合到其他的各类复杂应用系统之中。所以在选择这部分组件的时候需要判断能否兼容主流的平台，Java、C/C++、C#、Python、Php、R 等各类主流开发语言是否能很好调用其所有功能。

张华平博士开发的 NLPIR（实体抽取系统）就能够全方位、多角度满足应用者对大数据文本的处理需求。NLPIR 实体抽取系统能够智能识别文本中出现的人名、地名、机构名、媒体、作者及文章的主题关键词。这是对语言规律的深入理解和科学预测，其所提炼出的词语不需要在词典库中事先存在。系统基于角色标注算法自动识别命名实体（算法细节请参照《大数据搜索与挖掘》），开发者可在此基础上搭建多样化的大数据挖掘应用。

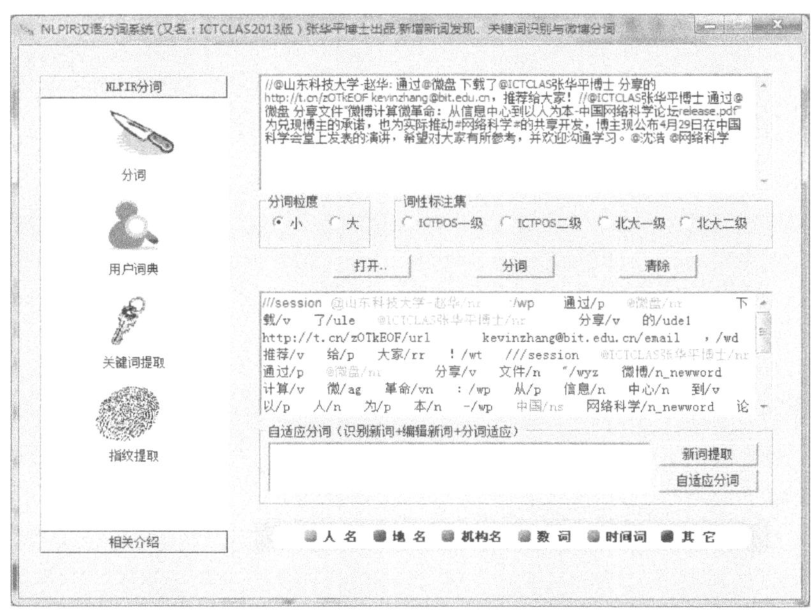

图 5-1 NLPIR 汉语分词系统

系统采用深度神经网络对分类体系进行了综合训练。演示平台目前训练的类别只是政治、经济、军事等新闻。其内置的算法支持类别自定义训练，该算法对常规文本的分类准确率较高，综合开放测试的 F 值接近 86%。NLPIR 深度文本分类可以用于新闻分类、简历分类、邮件分类、办公文档分类、区域分类等诸多方面。此外还可以实现文本过滤，能够从大量文本中快速识别和过滤出符合特殊要求的信息，可应用于品牌报道监测、垃圾信息屏蔽、敏感信息审查等领域。

NLPIR 情感分析提供两种模式：全文的情感判别与指定对象的情感判别。

NLPIR 情感分析主要采用了两种技术。

1. 情感词的自动识别与权重自动计算，利用共现关系，采用 Bootstrapping（一种算法，利用有限的样本资料经由多次重复抽样，重新建立起足以代表母体样本分布的新样本）的策略，反复迭代，生成新的情感词及权重。

2. 情感判别的深度神经网络，基于深度神经网络对情感词进行扩展计算，综合为最终的结果。

通过对网络信息的搜索与挖掘，各领域能够极大地扩大及优化应用场景，帮助各领域更为健康地发展。

33 如何通过数据分析创造以用户为中心的商业

王绪刚

首席数据官联盟专家组成员，时趣科技首席科学家。

在社交媒体时代，用户开始愿意公开更多的兴趣数据，他们的行为也最大化地反映在了社交平台上并且能够被追溯。通过数据的分析与挖掘可以知道他们喜欢吃什么，喜欢去哪里玩，喜欢什么样的媒体，有多少人已经与企业产生了消费行为，有多少人会是潜在消费者，哪些人在经常传播企业的品牌，有哪些是草根意见领袖。消费者不仅仅是几个模糊的词来描述的群体，而是海量的个体。这些数据将成为品牌的重要资产，并且可以实现更加完备的用户生命周期的管理。

在这个过程中，数据的主要作用是在一定的精准性的保证下，大幅度提升商业决策效率。纵观信息技术的发展，IT 本身最核心的营销价值就是建立了高效的销售渠道（电商）和传播渠道（自媒体与数字媒体）。而 DT（Date Technology，数据处理技术）技术也不例外。在 IT 的基础上，通过累积的行为数据这种原材料以及商业模型，能够将整个决策流程量化并与营销自动化系统对接，从而形成程序化的个性体验，才是数据驱动营销的价值。

数据管理平台是什么

企业需要一个数据大脑——数据管理平台(data management platform DMP)。如果把企业比作一个人体，那么营销数据就如同企业的大脑神经元。企业每天都会在营销过程中产生大量的行为数据：广告点击、微信互动、微博转发、电商购买、到店咨询、电话外呼、线上预约、APP 下载……这些数据连接在一起，能够为企业营销决策提供强大的智力支持。而大部分企业对数据的认识和利用目前处于一种“半缺失”的阶段——不到 10%。消费者数据没有记录，记录无法数字化，数据格式是非结构化的，缺乏数据加工、处理和利用的能力……如何挖掘数据，进行加工，并发挥数据的价值，这就需要企业建立一个数据大脑——数据管理平台。

DMP（数据管理平台）也需要一个发展的阶段，从 10% 开始，通过几个阶段进行演进：

1. 记忆——数据存储、结构化；

2. 回忆——用户匹配；

3. 学习——用户画像，知识抽取 ；

4. 预测和推理——个性化推荐以及精准广告；

5. 未来将 DMP 与企业的流程管理工具比如 CRM、ERP 和电商等管理后台无缝对接起来，企业可以更加高效和智能地决策、行动、反馈。

智能营销系统用户画像从技术层面上看，它通过原始的、分散的用户行为，形成可以被计算的、可以量化的消费者价值模型（这个模型由标签和附着在标签上的权重值构成）。一个营销的应用可以通过海量的个体用户画像实现效率与效果的两方面提升。比如可以根据消费者的影响力和价值标签去发现重要的传播人群，可以根据产品喜好标签去实现交叉销售和潜在客户挖掘，可以根据忠诚度标签一方面找到高黏性用户，一方面去发现作弊用户。同时，用户画像还可以看作是以消费者数据为中心的营销智能（Marketing Intelligence）系统，也就是营销与分析人员可以敏捷和自助地实现特定人群的交叉分析和深入洞察，而不需要去定制数据分析维度，重复编写代码和 SQL（结构化查询语言）语句做各种报表。这也是我之前反复说过的数据价值变现的效率问题。

企业大数据的挑战及破解

当前一些企业在大数据时代面临的挑战：

第一是数据量与多样性挑战。由于 IT 不断成熟、移动社交不断发展，消费者的行为性数据呈现海量化且增量较高。同时，用户数据还具有多样性特征，包括扫码数据、点击数据、线下交易数据等。如何利用不同的算法策略在同样的数据结构之上进行计算，而不是为了使用不同的算法需要修改和迁移海量的数据，这需要采取一致性的数据结构。

第二是实时性挑战。对于数据分析人员来说，许多分析的维度不是事先预定，需求总在不断变化。因此，企业需要一个交互式分析的引擎，可以将在线系统分析的维度进行抽象加工，并实时产生组合的数据产品。能够进行交互式的数据钻取，无疑有助于更好地发现营销"真相"。

第三是关联性挑战。企业数据分析，核心问题是用户画像。对于营销来说，"预测性"分析不仅仅可以发现营销的好坏，更重要的是可以发现为何好，以便于进行优化。例如转化率等最基础的企业监测数据，关键需要分析出用户的来源渠道、产品购买或其他关联因素。

在满足大数据量下的实时关联计算，可以考虑"图计算"。"图计算"是以"图论"为基础的对现实世界的一种"图"结构的抽象表达，以及在这种数据结构上的计算模式。图数据结构很好地表达了数据之间的关联性，而关联性计算是大数据计算的核心。通过获得数据的关联性，可以从噪音很多的海量数据中抽取有用的信息。

"图计算"需要从应用场景出发，构建用户画像。在实际应用场景中，关键是找到目标用户人群，通过广告投放等方式促进有价值人群进行二次转发，从而形成一个闭环。用户与产品、媒介、内容的关系可以概括为一张抽象图，通过中间一系列标签相关联。例如社交媒体基础图的结构，用户、明星、音乐、话题可以通过一个节点与用户相关联。网络用户行为的这种抽象图，无论是两个节点之间的距离权重，还是从 A 节点到达 B 节点的概率值，都可以看出两个节点之间的关联性。

基本的图计算，例如单图中的函数，可以通过对应权重传播、加工。而传播的节点将会不断把信号传递下去。图计算的算法，包括亲密度算法、影响力算法、相似度算法、聚类算法等。

面对巨大的消费者数据，企业必须进行管理，才能实现更加个性化的服务，并实现企业 Social CRM（社会化客户关系管理）的终极目标——创造以用户为中心的商业。

如何构建企业的数字化标签体系

陈星霖

首席数据官联盟专家组成员，TalkingData（北京腾云天下科技有限公司）CEO 助理，“十一五”国家科技部“网上证券交易盗买盗卖防范系统”课题专家组成员。十多年架构设计与产品管理经验，是社交数据运营、移动大数据管理等领域资深专家，曾任绿盟科技产品经理、行业营销总监，时趣科技新媒体事业部副总经理，TalkingData 高级总监。现任 TalkingData CEO 助理，负责第三方合作伙伴管理及产业基金项目分析等工作。

随着技术的推演，移动互联网已经成为事实意义上的基础设施，无处不在，连接一切，包括人与人之间的连接，人与物之间的连接。生活中，线上、线下，每一个触点，每一次交互，都会留下数字化的印迹。

移动设备号可能成为区别每个人的标记。游戏兴趣偏好可能会暴露你的年龄，线下聚集地可能会揭示活动商圈，情绪可能会标注生活态度。数据总会相对客观地记录现象，逐步形成对于个体愈发完整的描述，并凸显差异。总体来说，对于人的数字化描述大致包括三个层面：

第一层“人口统计学属性”，能够相对客观地还原人的基本自然属性。常提到的性别、年龄、职业、婚育状态等特征，一些源自政府、公共事业的独占性数据能予以还原。另外，通过持续观察人们的移动应用行为特征（如开始频繁使用“宝宝树”

等母婴类应用）也能推测出大致的结论，再辅助线下聚集地分析（如光顾线下母婴连锁门店频率变高），推算的精准度则会有进一步提升。

第二层广义的“行为偏好”特征，包括应用行为偏好、触媒偏好、线下聚集地倾向、消费偏好、品牌偏好等。这一类特征经常被“用户重定向”、“媒介优化”、“个人征信评估”等各类业务方案所使用。

最上一层“环境感知层”，通过智能终端内置的重力感应器、加速传感器、陀螺仪等传感器采集到的信息来描述人所处的环境，从而为个体添加情境类标签，如奔跑、攀爬，或是驾车。可穿戴设备则会进一步记录人的体温、心跳、脉搏信息，甚至情绪指数。

数字化标签体系

对人的数字化可以理解为通过一系列的用户标签对用户进行画像。首先，脱离业务场景的用户标签是没有任何意义的，无论标签体系如何设计，最终还是要回归价值；其次，标签体系要尽可能从多个角度去还原和描述用户特征和偏好，保持客观，且足够精简和有效；最后，要及时发现用户所处环境和角色的变化，调整相应的标签业务属性和权重。总的来说，一个好的用户标签体系相对完整，附着业务属性，且弹性可定义。

TalkingData 的标签体系分为 10 大类，超过 800 个标签子项，覆盖人口属性、设备属性、应用兴趣、地理位置、消费兴趣、品牌偏好等多个维度。超过 25 亿台可识别的移动设备都被赋予了清晰的特征，平均每台设备加载 20 个以上有效标签。

在 TalkingData 的数据库里，有明确标签的移动终端设备就有 25 亿，累计覆盖设备有 35 亿，每天接近 3 个亿的活跃设备数，日活仅次于腾讯。覆盖智能手机、平板电脑、可穿戴设备，以及部分的智能电视，这些设备每天产生 15T 流量。

从数据容量和来源分布来看，TalkingData 自有的移动设备数据过往占据 70% 以上。现阶段这个比例在不断变小，包括商业 Wi-Fi 数据、线下位置数据、公共市政数据，以及运营商数据在内，更多来自第三方合作伙伴的数据资源正在逐步引入。

TalkingData 目前确实在数据存储、计算各方面都面临巨大的压力。对此专门构建了 TalkingData Data Cloud（自身数据平台）负责处理以上海量数据。从数据源获取到输出最终数据价值大致包括几个关键过程：数据抽取（Data Ingestion）、数据准备（Data Preparation）、数据分析（Data Analysis）和数据发布（Data Publish）。

数据抽取一般是数据集成（Data Integration）的第一步，指从不同数据源获取数据，并存储到某个系统以待处理。聚焦在数据的连接和获取，一般不对数据进行任何形式的修改，以避免丢失信息。

数据准备是对数据进行各种处理（包括替换、增强、去重、合并等），提升数据质量，以为进一步分析做准备。

数据分析一般指通过自服务的方式对数据进行各种分析，包括发现、探索、搜索等操作，以形成洞察（或者知识），并且以可视化的方式展示出来。

数据发布是指把通过分析得到的洞察交付给需求方，包括通过 SQL 连接到第三方数据处理平台，通过 Restful API 实现嵌入式的结果展示，生成可视化仪表盘并分享、连接到第三方推送平台以开展推广活动等等。

总的来说，TalkingData Data Cloud 既是一个数据管理平台，又是一个数据价值的发现平台。通过提供来自不同渠道数据的连接、发现、准备、分析和发布解决方案，为企业业务单元赋能。

数据管理平台的应用场景

企业的数据管理平台更需要发现数据的价值，服务于企业业务发展。TalkingData 做了诸多行业的数据应用探索，最早服务于金融行业。

金融行业受到新的互联网金融业态冲击，同时消费者的主动权和选择权越来越大。为了拉近和消费者的距离，金融巨头们纷纷转战移动互联网战场。移动 APP 则成为兵家必争之地，用大数据的手段替手机银行、直销银行解决获客、活客的问题，是最早被验证的场景。不是简单、粗暴的移动广告，而是 3A3R（Awareness、Acquisition、Activation、Retention、Revenue、Refer）模型指引之下的移动运营服务体系。基于企业一方数据和外部三方数据的整合，透过运营数据的日常监测和分析，配 A/B 测试等工具和运营咨询服务，能够帮金融机构找到用户生命周期管理过程中的症结和优化路径，并最终建立一套体系化的移动运营指标体系。

房地产企业的 IT 基础建设进程相对缓慢，却希望借助大数据实现传统业务的弯道超车。在商业地产运营领域已经出现多种场内数据运营方案。室内 Wi-Fi、商品交易，以及第三方多源数据的结合，不仅能提供人流统计、客流预测、到场用户分析等基本功能，还能提供店铺经营价值、营销潜力，甚至店铺间的导流、竞合关系分析，从而辅助商业地产有效调整招商、导流、促销等经营策略。

更多数据化应用场景，包括商圈洞察、商业选址、智能客服、反欺诈、羊毛党模型、智能路灯等，也陆续在各个行业取得突破。

大数据的跨界结合

TalkingData 目前服务的企业客户已经横跨金融、地产、零售、旅游、汽车、政府等多个细分市场。TalkingData 认为他们代表数据需求方，需要对企业既有一方数据的深度挖掘和利用，又需要引入外部第三方数据的合作。

大数据产业生态的另外两个板块是数据供应方（主要以移动开发者、社交平台、商业 Wi-Fi 供应商、运营商为代表）和数据加工平台。后者负责多源数据的整合和加工，促进数据流通，并最终完成交易。

为了有效调配资源，解决供需平衡的问题，数据加工平台方的作用非常重要，既要促进数据合规、安全、平稳、持续地流转，又要确保数据价值被充分利用，收益多方共享。这一切都是市场行为，不应该受到商业机构的过多干预。数据加工平台方要很清楚，在这个数据商业链条中，哪些钱能挣，哪些钱不该挣。

作为独立的第三方大数据平台，TalkingData 一直恪守中立的原则，专注于构建一个健壮且开放的 Data Cloud，为企业客户提供越来越立体和完整的数据产品方案，从而推动整个大数据产业生态朝着一个更积极、健康的方向发展。

大数据如何驱动在线用户行为分析与营销

张宇

首席数据官联盟专家组成员，北京博晓通科技有限公司的创始人、CEO。

随着大数据的兴起，越来越多的企业意识到数据的价值，将大数据用于驱动在线客户行为与分析。企业大数据主要是由交易数据、传感器数据、社交数据构成，其中交易数据描述资金和信息流的走向，传感器数据描述物理世界的物与物的关系，而社交数据描述人与人的网络，并反映了人对世界的看法。所以企业要进行线上客户行为分析与营销，应该从社交数据入手。

社交大数据应用的发展

社交数据的未来非常乐观。从长远的社会意义来看，将海量离散的公网数据结构化，可以帮助需要利用社交数据的企业用户降低技术风险和使用成本。作为一个社交数据的核心平台，集中管理的数据资产通过不同的用户在不同场景的重复使用，优化了产业链的效率，因此对消费者和企业有社会价值；从业务角度来看，因为积累了特定行业的数据资源，并在上面构建了丰富的分析模型和模型组合能力，随着行业经验的积累和知识体系的完善，目前业务需求越来越多，社交数据价值突破了传统的舆情监控场景，越来越接地气。而且在实践中，通过接触国际领先企业的社交数据应用案例，可以不断发现和扩大社交数据价值边界的工作。

根据 FirstMark（头标资本公司）公布的 2016 年全球大数据生态产业图，社交数据分析（Social Analytics）是大数据应用的一个典型场景，国际上在该领域先后出现了 Sprinklr、Datasift、Netease、Buzzarvocie 等知名乃至独角兽级别的公司。但可惜目前国内该领域的企业发展趋势还不明显。当然，社交数据处理的很多关键基础技术，比如网页信息的深度采集、社交数据挖掘的算法、语义分析技术都需要不断完善。

社交媒体数据就像一片海。基于社交数据的成功案例正在越来越丰富，比如 Thomson Reuters（汤森路透）和 MarketPsych（研究市场管理的公司）合作的基于社交数据的投资基金，BluefinLabs（美国社交电视分析公司）开创的社交电视分析服务，Salesforce（客户关系管理软件公司）旗下以 Radian6（社交营销云平台）为核心的 Marketing Cloud（社交营销云）。在国内也有基于社交媒体用户反馈的电影票房预测、社会化消费者画像、全样本的市场研究、旅游目的地的社会化评价研究团队或者公司。

未来会出现非常专业的垂直社交数据分析厂商，通过横向结合，经过数据资源和技术的整合，成为大数据产业上下游的关键环节。

社交数据分析的应用场景

社交数据分析的具体应用场景大致分为获取用户、产品优化、业务拓展、客户服务几个主要环节，对应市场营销、产品设计、销售支持、客户留存等企业核心部门。每一个决策分析，都需要企业去充分理解和发挥数据的价值。伴随着电子邮件、研究数据、交易数据、商业化数据、日志数据、企业系统数据、事件驱动数据、社交媒体数据、合作方数据、呼叫中心记录数据等类型数据的积累，这个积累的过程中，企业没有过载的数据，只有大量的无效的信息筛选。企业的内部数据、外部数据、物联数据关联度不够，需要不断整合。当然每种数据都有其优点和缺点，如何扬长避短就需要大数据从业者的探索了。

经过 Altimeter（奥特米特集团）2013 年的调查研究，在美国被调查企业中有 13 个部门会涉及社交数据的使用，主要是市场营销、公关、客户支持部门。博晓通利用社交大数据分析，帮助营销部门了解目标受众，评估活动效果，开展全样本的市场调查。而收集电商平台的 SKU（库存量单位）信息和用户评价，可以帮助品牌企业了解自身和竞品的电商运营状态。

举个例子，某 4A 广告公司创意经理 Jack 升职后对他那台用了 4 年半的车感觉不满。Jack 向他周边的朋友咨询，向业务人员咨询，网上搜索，阅读评论，根据自身需求集中关注三款产品，并深入了解每款的优缺点，最后选择了某款车。该车的时尚前卫设计、功能配置和金融服务都符合他的个性需求。Jack 在社交媒体发表提车作业或者首保记录，寻找车友共鸣，分享个人体验。这就是一个典型的客户诞生购买需求，进行信息搜集、方案评估、产品选择，到消费者反馈的过程。其中可以看到，社交媒体在网上搜索和体验分享环节会直接影响到消费者的决策。

根据最新的麦肯锡消费者购买路径分析，企业要影响消费者决策，需要在各个消费者接触点管理用户体验，而用户接触点最常出现的就是社交媒体。社交媒体平台的集客式营销（Inbound Marketing）工作包含五个工作环节，分别是：1. 目标受众的分析；2. 确定传播策略（包含核心信息设计和营销活动组织）；3. 传播渠道选择；4. 营销效果评估；5. 竞品的对比分析。

社交大数据营销

通过社交数据的收集可以看到消费者提到的品牌、产品、使用场景、情绪（喜欢、厌恶、保持中立）、个人注册的资料。对这些数据进行加工后，可以得知消费者深入讨论一个品牌的具体内容、角度、态度以及消费者的特征与社交状态。此外，还可以看到事件传播的轨迹。通过数据分析及复盘可以发现事件是怎么扩散，哪些点对事件起到了什么作用，为下一次的传播积攒经验。

企业最常见的问题是品牌对外讲的内容不是用户所关心的。这是一个真实的案例。某车企的 B 型号车对外宣传的内容都是德国工艺。虽然做了很多宣传，但实际用户不讨论这些内容，而是其他的场景。同时，讨论工艺的现象在 A 级车上很典型。原因是市场经理做 A 级车很成功，后来负责 B 级车，他把 A 级车旧有的思路带过来，其市场开拓的效果可想而知。

对此博晓通总结了一些方法：通过数据分析，基于数据来判断哪些是专家，哪些是目标人群，哪些是活跃用户，把这些用户请到一个 QQ 群、微信群里，通过运维人员，大家可以就一个场景持续讨论，并改善产品。这些方法已经在一些家电企业应用。

博晓通曾做过一个实验：在社交媒体上找出所有提及华为手机的人共同关注的人。第一个的是华为官方，第二个是余承东，第三个是雷军（找雷军给华为手机做代言不现实），第四个是周鸿祎（这也不现实），往下有安卓论坛（可以有合作）。这时，它是意见领袖，是所有提及这个品牌的人共同关心的人，可以去做品牌扩散，也可以做竞品的拦截。

社交媒体是一个很有意思的数据资产，因为人的应用它才持续不断地产生。不同的社交媒体平台有不同的数据特点，它跟其他数据的结合，可以发挥更大的价值。今天讲的是客户关系管理，未来企业真正的 CRM 应该结合所有这些数据，门店的数据、电商的数据、社交媒体用户账号所获得的信息、它的移动设备的信息，所有这些才是完整的用户 360 度的维度。

如何将数据应用场景可视化

邓潇

首席数据官联盟专家组成员，北京数字冰雹信息技术有限公司创始人、总经理。曾在众多国际计算机技术大赛中屡获桂冠，被比尔盖茨亲自授予“创新英雄”奖。

数据可视化系统是与用户直接对话、帮助用户完成决策的载体工具。一个优秀的数据可视化系统，完美体验加高颜值的外表之下，隐藏着大数据整个产业链领域的融会贯通。

数据可视化将各种类型的数据，通过不同的呈现方式，包括结合地理信息系统、数据统计图表、三维建模、时空态势展示等丰富的展现形式，将数据直观地呈现给用户，最终使读者在短时间内理解数据背后的规律与价值。它是探讨、交流和洞察数据的最佳方式。

大数据可视化的应用场景

大数据的可视化带来的作用非常显著。以智慧城市为例，通过大数据可视化能够将城市运行核心系统的各项关键数据进行可视化呈现，从而对包括应急指挥、城市管理、公共安全、环境保护、智能交通、基础设施等领域进行管理决策支持，进而实现城市智慧式管理和运行。

通过可视化系统集成包括地理信息、GPS 数据、建筑物三维数据、统计数据、摄像头采集画面等多类数据，可以把政府各个部门、各种类型的数据融合打通，包括市政、警务、消防、交通、通信、商业等，汇集在此统一的大数据平台之上，用于综合管理监控城市。

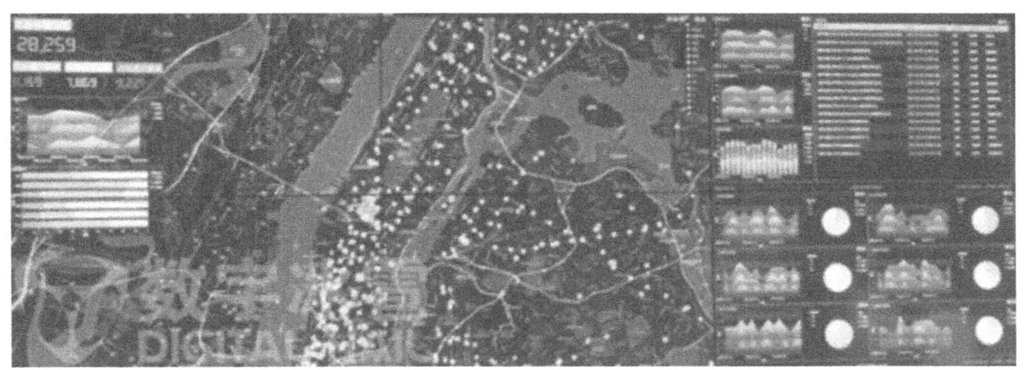

图 5-2　城市关键数据可视化表现

大数据可视化在企业的应用

大数据可视化平台对企业非常重要。以工业监控可视化平台的应用为例。一般来讲，要实现与用户原有的自动控制系统相结合，通过虚拟现实和数据仪表盘等多种展现手段，为大数据时代的工业生产监控和虚拟制造应用，提供效果最优异的可视化解决方案。

将虚拟现实技术有机融入到工业监控系统，以真实厂房生产线的仿真场景为基础，对各个工段、重要设备的形态进行复原，并实时反映其运行状态。针对各种运行数据，例如设备温度、转速、电流、电压以及各种实时产能、统计汇总数据的监控，充分发挥数据仪表盘中各种图表的展现优势，针对不同岗位监控的需要对数据仪表进行合理分组，以实现快速状态切换，适应不同场景。

一个成熟的可视化产品平台是基础技术保障，能够保证系统的交付质量与效率。比如数字冰雹的可视化产品包括了人机交互引擎、数据驱动引擎、图像渲染引擎、多维分析引擎等一系列基础产品平台。这些基础产品来自于数年技术与经验的积累，在应用当中不断完善，确保了项目高水准地实施与交付。

数据最终是要和人打交道。在大数据可视化平台中人机交互设计是非常重要的。一个良好的数据可视化分析环境，要从推开门那一刹那开始体验，即人机交互包括最终的数据可视化软件系统，也包括了用于数据呈现或交互的各种显示、控制设备。一个适用的人机交互方案，要根据用户的使用情境来设计。针对形象展示厅到大型指控中心等不同环境，以及各个应用行业的各类需求，都会有不同的交互解决方案。

数据可视化改变了传统业务系统数据呈现复杂枯燥、难以理解的困境，实现了信息的有效传达，将艺术性与功能性并重，通过多样、恰当、精细地展现交互方式，高效能地呈现出数据背后隐藏的趋势、规律和关系。

企业如何正确用敏捷 BI 发掘商业价值

何春涛

首席数据官联盟专家组成员，北京永洪商智科技有限公司创始人、CEO。

全球商业智能与分析市场的整体份额继续扩大。根据当前 Gartner 对该领域的年度综合增长率的预计，市场增长率可能维持在 2014 年的 5.8%，直至 2019 年。

然而，伴随着购买模式和需求的变化，不高的增长率反映了一个处于转变过程中的市场：购买决策持续从 IT 部门的领导转换为业务线的领导和用户，他们需要更敏捷和更灵活的个性化选择——新准则是先落地再扩展。现在与以往那种带动企业两位数增长的大规模的企业级交易截然不同，那时的 IT 部门掌握更多的预算，并对采购决策施加着更多影响。

商业智能分析的发展现状

在如此快速进化的市场中，带动商业智能与分析市场新增长的主要驱动力正受到以下因素的影响。

新供应商持续出现，市场上有更多创新的产品供买方挑选。在以后几年，买方将从关注那些提供新型 BI（商业智能）和分析产品的供应商中获益，他们有充足的机会去投资那些进入市场的创新产品。如果买方需要试运行大量的创新产品以及大量的供应商参与到 POC（观点提供证据，是一套建议的电子模型）验证中，随着时间累积，其不利之处在于机构可能面临技术负债，作为多个独立解决方案所体现出的商业价值急速转变为缺少对设计、实施和技术支持足够关注的产品部署。在这个快速进化的 BI 市场中，机构需要形成正确策略和参考架构，用于评测各种可选的产品，以此降低他们的技术债务，从而避免在未来产生较多的返工和再设计的问题。

随着越来越多的用户驱动的数据分析平台得以部署，监管需求正持续增长，这将触发 IT 部门以新的形式介入其中。最初，当市场转变时，业务用户感觉到有能力绕开 IT 部门，通过自主采购的方式去使用能够填补业务缺口的 BI 产品。随着时间的推移，产品部署持续扩大，用户变得越来越多，使用场景变得越来越复杂，业务用户与 IT 部门的合作又将重新展开。他们会协同开发出敏捷的流程去支持自服务数据分析的需求，即通过适度的企业级管控，去确保恰当而负责任的使用范畴。这将促成自服务数据准备结合探索式分析产品的场景，提供敏捷而集中的使用方式去成功地替代传统的使用方式。旧的方式往往缺乏敏捷性，而且也不支持 IT 部门与业务用户间的协作开发。这与在这个行业多次发生的“钟摆”现象相吻合。在这个行业，最终用户的实践最终将转向以 IT 为中心的方式的另一极端。在业务用户生成的内容急剧扩张的背景下，对监管的需求正在使钟摆回归至更注重企业级管控和协作的中间地带。

市场对智能的探索式分析的了解和接纳会让探索式分析获取到更广泛的用户群体，新产品触及的范围和影响力也会随之增加。在不需要建模和写算法以及查询的前提下，这些新出现的功能让用户能从越来越多的、复杂的、多结构化的数据集里发现大量的隐藏模式。除了探索式分析，通过交互的可视化、搜索和自然语言查询等技术，业务用户和分析师还能从深度分析中直接获益（高亮和可视化诸如重要发现、相关性、集群、预测、异常值、反常、关联、趋势等结果）。有些工具还会为用户说明分析结果，例如生成自然语言的文本去突出显示模式和阐释洞察。这样可以减少发现洞察的时间，也节省了手动探索和手动建模的时间开销和专业技能要求。探索式分析并非替代了高级数据分析师和数据科学家，而是为他们增加了一群公民数据科学家。这些公民数据科学家帮助他们产生了更多的设想，再随之开展更细化的探索，数据学家可以帮着确认最终结果。

机构从持续增长的多结构化数据源中融合和获得洞察的需求，将推动智能的自服务数据准备和智能的探索式分析领域的持续创新。市场需要更加强大的软件功能，包括自动提取、推论、浓缩和创建搜索索引访问新数据源。以手动方式去完成这些工作将会难以匹配数据多样性和复杂度的增长，随着时间的推移这种增长将是指数级的。同时，通过自动的模式探索和洞察发现，机构可以扩大分析规模，也可以让更多的用户群体受益于分析洞察功能。

通过自然语言查询，基于搜索的探索式分析将让更多的用户获益。由于 BI 和分析平台对自然语言查询支持得越来越好，更多的非技术用户能以对话提问的方式来分析数据，新用户将更有可能参与到利用探索式分析中。业务驱动的自然语言查询需要底层的基于多结构化数据的搜索功能，这一领域的进展将不断提升该功能的易用性和可信度。

市场将不断扩张且更加成熟，这将为机构创造更多的机会去购买或销售分析应用。一个活跃的市场可以让买家和卖家汇聚起来交换分析应用、聚合数据源、自定义可视化和算法，这将增加对 BI 和分析领域的需求，并推动其未来的增长。成熟起来的市场将为 BI 供应商们提供新的销售渠道，基于他们平台的分析应用可以在自有的渠道和合作伙伴的渠道销售。这一成熟市场的主要好处在于这是一个面向终端用户的市场，他们几乎可以获得想要的任何分析应用，以用于内部解决方案和流程的开发。

为更好地支持物联网，机构需要支持实时动态和流数据抓取。为了使机构能处理在这个互联世界中由设备、传感器和人产生的大量数据，机构必须在捕捉和加工这种数据上进行投资。BI 和分析市场的竞争者们也需要在类似方面进行投资，让买家在同一平台中合并实时动态和流数据以及其他来源的数据，去开发新一代的具备很大影响的分析应用，让用户能利用这种实时洞察能力。

敏捷 BI 时代到来

对于一家以数据化运营驱动的企业来说，大数据分析无疑是很有价值的东西。但一般而言，大数据分析过高的技术门槛和使用成本往往又让企业敬而远之。即使是技术成熟的企业，独立开发一个大数据分析系统经常也需要半年以上，且开发完成后的使用过程还是十分痛苦。由于业务上的分析需求总是在变，每次改变某个指标的计算公式、分析维度的组合时，都要技术人员花几周时间修改系统和程序。分析能力的滞后将拖累业务进程，无法满足企业敏捷决策的需求。现在，有条件让任何企业在一天内搭建并运行大数据可视化分析。

6年以前，BI平台的用户是企业的IT部门。因为当时BI系统的投资和建设大多由IT部门主导，项目特点是高度可控、高度中心化，而最常见的工作流程是，IT部门负责编制出生产报表，再推送给消费者和分析人员查看。

到了今天，情况已经卓然不同。传统BI平台试图以静态报表查阅和周期性报表推送的方式，满足大量的商业用户对数据分析的需求。在这样的工作流程下，以前，一旦商业用户有新的数据分析需求，就只能求助于IT部门。后者经过需求调研、ETL（数据仓库技术）和数据建模，对汇总维度和指标的组合进行预先汇总，之后再制作报表，最终才把结果呈现给商业用户。这一过程要引入很多人，经历很多环节，花去一周甚至一个月的时间，还很难正确回答商业用户的问题。

因而，大量商业用户迫切要求进行交互式分析。他们只有非常有限的IT或数据科学技能，但希望通过数据分析快速获取数据洞察力。

中国企业的治理水平正在快速提升，已经不断地靠近发达国家的企业，很多企业甚至超越了他们。在选择BI平台时，越来越多国内的行业的领袖企业已经将交互式分析平台作为首选。2015年，交互式分析平台在国际市场已经成为了BI平台采购的主流。而在国内市场，人们也已经健步迈入数据民主时代。

在数据民主时代，IT用户已经转向更专业的数据准备、系统级监控，以及高级建模和分析。而商业用户成为了BI平台的深度用户。

企业如何选择合适的BI服务模式

当前BI的企业服务模式有On-Premise（本地部署）、SaaS（软件即服务）、Mixed（三者融合）三种。很少听说一线大数据分析厂商是纯SaaS模式。基于线上数据做大数据分析的厂商往往是SaaS模式，目前大部分收入来自于SaaS模式，少部分收入来自于定制化开发服务；基于线下数据做大数据分析的厂商往往是Mixed模式，在目前大部分收入来自于On-Premise模式，少部分收入来自于SaaS模式和定制化开发服务。

关于基于线下数据做大数据分析的厂商的生存状态，永洪科技做了一个简单的调查。选择 Mixed 模式的 Qlik（全球增长最快的商业智能公司）和 Tableau（提供桌面系统简单的商业智能工具软件的公司）因为业务快速发展，在两三次融资之后便完成了上市，且后者上市之后的年复合增长率长期保持在 80% 以上。而选择 SaaS 模式的 Birst（云商业智能公司）和 GoodData（美国大数据分析 SaaS 服务公司）融资到了 E 轮还没有完成上市，业务规模较之前者也小了很多。

为什么会这样呢？大数据分析的原料是大数据，而大多数企业目前的私有云数据远大于公有云数据。数据已经成为企业的核心资产，企业级架构下的安全管控也成了重中之重。

另外，如果企业选择将数据传输到云端 SaaS 平台进行分析，基于现有的互联网基础设施条件，数据传输又是个巨大的问题。简单地举个例子，如果上传速度是 20Mbit/s，假设整个过程顺利的话，将 1TB 数据上传到云端大概需要 5 天。

在这样的条件下，大多数企业的明智选择是：大数据在哪里，大数据分析就在哪里。因而，对于有云端大数据分析需求的客户，Yonghong（永洪商智）、Qlik 和 Tableau 会引导客户使用其云端 SaaS 平台。这种 Mixed 模式是 On-Premise 和 SaaS 模式的升级版，即同时提供 On-Premise 和 SaaS 两种服务，再通过技术手段打通 On-Premise 和 SaaS，连接线下数据和线上数据，以最大化数据的价值。

未来，有两种力量会持续提升云端 SaaS 平台的收入占比。

1. 公有云数据将持续增长，10 年以后云端数据也许会超过 50%。在那时候，大数据分析厂商的云端 SaaS 平台的收入占比将随之升高。

2. 互联网基础设施条件得以大幅改善，数据传输效率得以大幅提升，打造基于云端的纯 SaaS 平台成为一种可能。这时候企业将第一次有机会把企业级数据仓库构建在公有云。但那时候公有云和私有云之间的边界已经不存在，混合云成了企业级计算的新常态。

当前的 On-Premise 采购大多被会计原则视为“固定资产”，而 SaaS 采购大多会被会计原则视为“服务”。

永洪科技的经验是，这种混淆技术模式与商业模式的方式让企业级客户在做选型时很难有最优选。相信越来越多的大企业将会对 On-Premise 和 SaaS 形成统一的会计原则。这意味着在不久的将来，技术模式与商业模式将彻底分开。不管是公有云部署还是私有云部署，厂商都可以采用 SaaS 收费模式计价。

如何通过文本大数据挖掘描绘精准用户画像

白剑波

首席数据官联盟专家组成员，北京智慧星光信息技术有限公司总裁，北航计算机专业硕士。曾经担任北京翰云时代科技有限公司总裁、诺基亚位置服务部门大中国区产品总监、甲骨文顾问咨询服务部中国区实施总监、Sun 中国公司 ISV 工程部高级经理、北航教师。

随着大数据概念的升温，企业和政府机构纷纷加大对大数据的投入。但普遍存在着应用的焦虑，甚至茫然。大数据带来的不仅是大机遇，也是大挑战，需要对大数据挖掘的意义进行更加深刻的探索。

大数据挖掘的根本意义在于从数据中提炼出有价值的信息，创造出洞察，并结合现状做出决定，依决定去执行，将大数据带来的机遇变为收获和成就。

文本大数据挖掘现状

大数据是一个非常大的概念，这里把讨论范围聚焦在文本大数据。传统的结构化数据，业界做了大量的积累，在数据的获取、存储、处理、检索等方面具备了相当多的技术储备。但是对于非结构化的大数据，特别是文本大数据，业界正在持续加大投入。文本大数据的来源，除了企业或机构内部的数据，互联网是一个巨大的来源。

文本大数据处理的第一个环节是迅速地获取数据。不论是机构内部的数据，还是互联网上相关的数据，需要在第一时间获取全量的数据，这才是数据挖掘的根本。第二个环节是对数据进行挖掘，通过各种创新的分析工具和手段将其整合为有价值的分析结果。

文本大数据挖掘应用场景

文本大数据的应用领域非常广泛。政府机构和企业非常关心的互联网舆情监测与预警已经成为一个比较普遍的应用。企业口碑监测分析、竞争情报分析、精准营销、人物画像、企业画像、行业市场研究、客户满意度分析、风险评估、产品及业务流程优化等等多个应用场景，也是以文本大数据挖掘为核心的。

互联网舆情监测：从舆情监测市场来说，我国对舆情监测系统需求较大的大致可以分为党政机关和政府组织、企业、学校和科研单位等。根据 2014 年全年舆情系统招标信息的发布数据统计，32.30% 的舆情监测系统需求来自政府组织，27.90% 来自企业单位，党政机关占 17.60%，科研单位占 13.20%，学校比例为 8.82%。而对舆情监测需求最大的区域前三名分别是北京、浙江和贵州，达到 20% 和 10% 的水平。市场对舆情监测的要求也越来越高，主要对信息采集的及时性、覆盖面、预警的精准度及发现危机后的应对机制上有了更高的要求。

传统的舆情监测系统通常都以系统建设为主，由供应商为客户提供一套系统建设方案，进行数据采集、处理和分析的所有过程。但其系统在后续维护，特别是采集环节的维护上难以跟上互联网信息变化的节奏，同时受限于硬件部署规模和网络带宽的限制，在信息采集的全面性和及时性上与客户的需求也有差距。智慧星光采用 SaaS 模式为客户提供服务，投巨资建设一个高标准的智能化信息采集和处理平台，能够有效地避免这些情况，为客户大大降低了成本，同时在信息的及时性、全面性、精确性方面满足客户的需求。

人物画像与企业画像应用：在互联网逐渐步入大数据时代后，参与到互联网的每个人或企业都不可避免地留下行为记录，或者是发布在互联网上，或者是沉淀在各个日志环节中，所有的这些行为都将“可视化”。画像技术就是对这些数据进行挖掘。企业专注于如何利用其为精准营销服务，政府机构则专注于如何利用其为公共治理服务，改善公共服务，指导决策。

上文所说的画像技术包括人物画像和企业画像。

人物画像就是通过公开的数据对人物上网行为进行分析，对其不同的属性进行标记，从而能够区别其喜好等特点。这些属性包括人口属性、社交关系、兴趣偏好、消费行为、情感的倾向性，甚至是个人信用度等方面。人物画像技术可以让企业精确地了解其客户群的分类特点，从而能够选择精准的营销策略。

企业画像就是通过互联网的公开数据，针对企业进行描绘，例如工商注册信息、知识产权信息、司法裁判信息、行政机构审核信息、企业及其品牌的互联网声量信息和美誉度信息等。这类信息能够让人们迅速地对一家企业的背景和经营现状进行判断，可以广泛地应用在企业监管、尽职调查、投资评估、营销等领域。

画像技术的实现可以分为这几个部分：

首先，收集到人物或企业所有的相关数据，并将数据划分为静态信息数据、动态信息数据两大类。静态数据就是相对稳定的信息，如人物的性别、地域、职业、消费等级等，企业的工商注册、专利、软件著作权等。动态数据就是不停变化的行为信息，如人物的自媒体言论、浏览网页行为、搜索商品、发表评论、接触渠道等，企业的新闻报道、用户评价等；

其次，通过剖析数据为人物或企业贴上相应的标签及指数。标签代表用户对该内容有兴趣、偏好、需求等，指数代表用户的兴趣程度、需求程度、购买概率等；

最后，用标签建模，对于人物或企业进行分类。

品牌监测与分析：企业品牌信息的传播对于企业的营销至关重要。这些信息出现在新闻报道、网站宣传、电商平台，以及众多自媒体信息中，如博客、论坛、微博、微信公众号等。在进行监测和分析时，通过对所有信息源进行数据获取，从中过滤出相关品牌的信息再进一步分析。分析维度主要包括：所监测各品牌的传播总量排名分析；高频热词的排名；行业整体口碑分析，包括正负面的比例，以及相关的热词；地域分布分析；产品多维度观点分析，比如对于汽车润滑油产品，可以包括价格、油耗、动力性、性能等多个方面的属性。

通过对自己和竞争对手产品的品牌传播分析，能够做到知己知彼，了解行业内的机会和威胁，及时调整品牌和产品策略，获取竞争中的优势。

文本大数据挖掘的应用非常广泛，在未来的几年中，将会在电子政务、金融、电信、医疗卫生等领域得到推广和普及。

如何用开源技术构建企业级大数据平台

方磊

首席数据官联盟专家组成员，北京九章云极科技有限公司联合创始人，美国弗吉尼亚理工大学电子工程博士。曾任美国微软总部的高级工程师，是微软云计算和服务器团队的核心骨干成员。于 2011 年加入微软必应（Bing）搜索团队，设计并开发基于下一代大数据技术的索引处理架构以及基于机器学习的搜索语义理解。在分布式系统、设计验证等领域发表论文 15 篇，被引用超过 400 次。

曾几何时，谈大数据必谈 Hadoop。Hadoop 一度成了大数据的代名词，到今天其热度依然不减。因为 Hadoop 作为基础的平台架构有一种魔力。首先因数据变化带来的三个重要技术改变。

要选大数据平台，必须了解具体需求。大数据平台从企业处理场景上分为 OLTP（联机事务处理过程）和 OLAP（联机分析处理），这就导致用户的选择会有所不同。偏业务交易的使用 OLTP，偏分析的使用 OLAP 平台。从量级来说，数据量较小的可以使用一些比较成熟的商业方案或开源数据库，像 PostgreSQL（是一个自由的对象—关系数据库服务器，数据库管理系统），或者 MySQL（关系型数据库管理系统）搭建也可以。如果再大一点就要用到 MPP。超过 30 个结点以上，Hadoop 几乎是必须的选择了。

数据场景有多样化需求。比如说，结构化的数据适用于数据仓库的场景。如果非常实时，更适合流数据场景。如果是视频的话，那将是更加专业的细分场景。

对于数据平台而言，需要考虑非常弹性是否能够增加、是否能放在云上，如果放在家里，那么弹性增加的性能是不是就变差了。

总之，从部署的方式与场景等角度出发，决定到底哪种架构最适合用户。从现在的整体趋势来看，架构也在合并。一般来说，Hadoop 作为基础的平台可以帮助用户弹性扩容，能够部署在各种环境里。而且生态里林林总总有 100 多个组件，只要用户选好组合，需求都可以满足。也就是说，做一个类似于一张表的梳理，每个点要的是什么，再回头来看用户是要一个专门的定制架构，还是就在 Hadoop 上通过开源组件来做一个组合。而这几个点就是大数据的特性，也是用来帮助用户选择平台架构的一个出发点。

除了 Hadoop 方案，MPP 方案也得到很多支持。相对来说 MPP 方案支撑的节点没有 Hadoop 多，30 个节点以上，它的性能就比较低了。Hadoop 的一个好处在于弹性扩容好，有一个自动的、不会丢失的文件系统。MPP 如果在单机上硬盘坏了的话是个非常麻烦的事情，它是各自用各自的硬盘。而 Hadoop 把文件串起来变成一个大的文件系统 HDFS（Hadoop 分布式文件系统），所以它在数据的完整一致性、容错性上比 MPP 更强大易用，价格也更便宜一些。

但 MPP 的优势在于支撑数据更新更容易。如果数据只是用来作分析，只读就足够了。如果要对数据进行更改，MPP 方案会更好。

如何构建企业级实时分析平台

很多企业都想构建企业级实时分析平台。实时分析平台生态上有几种主流技术，Spark Streaming 和 Storm。

Spark Streaming 是微批量处理，它跟 Hadoop MR 的批量处理原理一致。Storm 是来一条处理一条，实时性更好。

总的来说，你需要了解它们的特点，从以下的维度去考虑：实时、开发容易、稳定性、对闪存消耗、对闪存支持、跟后边数据库的对接是否方便、是否流行等。也就是说它由业务来驱动，你需要什么样的场景，就用什么样的分析平台。

举个例子，比如说汽车的传感器数据。常见的架构是 Storm+Kafka+HBase 组合；如果实时的是个 1080P 高清的视频流，这样一个简单的组合承载不了这么大的流量，它在动态去分配计算资源的时候也很困难。那么这个实时平台就需要选择 SMACK（注：Spark+Mesos+ Akka +Cassandra+Kafka）这样的组合。所以说实时分析平台是个组合拳，不是一个点就可以搞定的。

基于开源技术的大数据平台

当前几乎所有的大数据平台都是基于开源的技术，它们也最活跃。如果一开始选商业路线，今天是有一定用户，但是长远看会有些实际的困难，最迫切的就是招不到那么多的开发者。今天整个大数据平台一定是建立在开源大数据生态之上，这毋庸置疑。比如，IBM 基于 Hadoop 的 SQL 方案是开源的。Hadoop 提供商，例如 Cloudera、MAP-R、Hortonworks，它们所有的技术都是开源的。今天开源的演变很快，技术路线的分分合合也很迅猛。完全采取商业的路线不合适，但是可以考虑商业的性能增强组件。

大数据平台的稳定性取决于开源组件的稳定性，开源组件有非常多的配置项。另一个就是配置，像调优，这个点对稳定性的影响也很大，如果调优不正确，内存用完了，系统就可能崩溃。数据平台的建设，专业厂商的价值很大，并非用户下载一个东西之后就开始用了。基于用户场景分析怎么决定建一个数据平台，一个实时平台，它的架构是哪些技术做组合，在这个基础上，是不是有完整可用的 API（应用程序编程接口）来帮助用户迅速开发应用，让用户不用关心底层。这些有很大的价值，需要把它做稳定，而且提高性能。

比如大家都知道列存储可以提高性能。那用户什么时候打开列存储，在哪些地方打开列存储的开关。如果用户能关心这些，用户就觉得它可以很快。对于开发人员或者是应用方来说，它的价值很大。

数据安全的保障手段

大数据应用过程中，除了基础技术平台，数据安全、数据集成、算法模型都是需特别考虑的地方。保障数据安全的手段有安全认证、统一的权限管理、数据加密、数据生命周期的管理，有基于时间的，有基于存储量的，这些都是技术手段。还有非技术手段，例如人和流程的手段。存储医疗数据有个 HIPAA（全称为：Health Insurance Portability and Accountability Act）认证，认证其实也是为了用户以流程上的手段能保证数据安全。当工作人员登录物理机或是虚拟机工作的时候，它的登录秘钥可能一次就过期了，防止以后该人员永远都有权限登录。类似的人和流程上的管理有时比技术要更重要。

数据迁移与集成技术方案

数据集成的方式分为几种，包括已有离线文件的加载、离线数据库的导入、在线数据的实时写入，还有 Real-Time（即边写入边处理的流数据）等几个不同的层次。从写入方式来说，这四种都提供 API 支持。比如说文件导入，一两个文件导入可能很简单，那几十万、几千万甚至更多的文件，怎么能直接给它"搬"上去？数据库的导入，它能接哪些数据库？有传统的数据库 Oracle、IBM、微软的 SQL Server，或者像 NoSQL（非关系型的数据库）的代表 MongoDB，还有 ingestion 的 API。这时，用户要看数据有没有 Schema，是不是 JSON，它的性能怎么样，到了实时处理，它实时处理的框架怎么样，处理性能以及实时处理逻辑有多复杂，这些都是需要考虑的，同时这些也都是集成的方式。

数据迁移有的场景也比较复杂。比如说从传统 Teradata 的数据库迁到 Hadoop 的数据仓库里，那么表的结构能不能直接映射过去？表的类型是不是能直接支持，兼容性要比较好才能迁移过去？在迁移的过程中，是一次性把数据都迁移过去，还是两边今后都有两份拷贝？今天更新了就导出更新的部分，明天再更新的再导出对应部分，是双份拷贝、一直同步的过程，还是说一次性都迁移过去？所以从大的点上来说，迁移的问题需要考虑兼容性、迁移的同步方式等。

如何构建属于企业的算法与模型库

今天，没有一个算法能统治全世界，Google 的 Ranking 也不是单一的一个算法，它是很多算法的组合。而且今天的算法已经是一个工程学问题，而不仅仅是个数学问题。从训练数据到标签，到算法训练到入库，到最终使用算法，再根据效果重新训练所有生命全周期的流程，这是个很大的工程问题。企业更要关注的是如何在业务上把算法植入形成流程，然后一直维持算法库，能够评估算法的效果，能够监控算法的效果。

在这方面，九章云极通过为用户提供容器的方式，帮用户封装、共享算法，把用户积累的算法、行业客户积累的算法和开源的算法组合在一起，最后通过一个流程串起来。算法库不是一个库、一个算法、一个点的问题，它是一条线、一个面的问题。所以，企业选一个算法库、算法支撑工作或者平台的时候，首先要考虑的是基于核心算法之上的因素，比如说 feature 的选择、feature 的优化、训练的提速，非常多的细节是依附在上边的，最终形成工程的整个流程。这才是大家可能想象的算法。选择算法的工程实现，这才是最核心的点。

40 如何构建企业的数据治理体系

王广清

首席数据官联盟专家组成员、联盟能源及公共事业专委会副秘书长，北京市燃气集团信息档案中心总工程师，主管基础设施、信息安全、ERP 系统、基础应用平台等的建设及运维工作。拥有 19 年 IT 从业经验、17 年项目管理经验、14 年大型数据中心 IT 架构规划和设计经验，主要兴趣和研究方向为信息安全、虚拟化 / 云计算、容灾 / 备份、企业 IT 架构规划、数据资源管理、ERP 建设和运维、移动应用管理、IT 运维管理、项目管理等。

当前，大部分企业已经完成了 ERP、CRM、供应链、协同办公等企业信息化系统的建设。但这些业务系统在初期大都是一个一个的数据孤岛，并且底层数据库都是经过专业设计，复杂度较高，在数据使用上存在数据不标准、数据不一致、数据完整性差等问题。所以，企业在应用大数据前需要先进行数据治理。

企业为了实现数据资源在组织内部的对接和共享，为经营决策提供及时、可信的支撑，就需要避免将不标准的、不一致的、不完整的数据输入分析系统，影响分析结果。为保证数据的准确性、完整性和一致性，就需要对各个系统的数据源以及输出的数据资产进行治理，为后续的大数据分析提供输入要求和输出标准，以保证数据质量。

数据治理的现状与挑战

企业的数据普遍存在着如下问题：

1. 数据分散在众多系统中，每个系统都在局部进行数据定义、数据分类、数据主题域划分、数据模型维护，缺乏统一的、全局的数据视图；

2. 缺乏统一的数据分布规划，数据的访问、变更、转换、清除等权限定义不清晰，无法保证数据在流转过程中的一致性；

3. 各单位、各应用系统间存在数据编码规则不一致的问题，以及重复编码的问题；

4. 数据加工处理与流转中存在相当多的手工过程，缺乏对数据加工、流转过程监控与管理的有效方法，导致数据在时效性、准确性、真实性上无法保证；

5. 上报的指标数据存在口径不一致的问题；

6. 对于敏感数据缺少统一的数据安全分级办法及授权机制等。

这些问题会给企业的业务经营决策及信息共享带来许多问题。这些问题的根源其实就是“企业没有进行统一的数据治理”。所以对于这些企业，迫切需要尽快建立数据治理体系，采用具体的数据管理方法对数据进行统一管理。

企业在建设数据治理体系过程中不会一帆风顺，会遇到许多挑战，如数据治理体系建设是一个漫长、艰苦的过程，公司领导需要重视数据治理体系建设并授权，数据治理工作需要加强参与人员的培训教育等。

针对这些挑战，要做好思想上的准备。企业的数据治理是一项长久的工作。在漫长的过程中，业务部门、信息部门等部门需要在友好的氛围下通力合作，数据治理部门需要加强协调力度，需要具有业务管理经验和数据管理经验的人才参与工作。

企业构建实用高效的大数据能力至少要做两件事：一是构建数据治理体系，对企业数据持续治理和管理；二是构建一个融合 SQL 和 NoSQL 的企业级大数据平台，解决大数据系统在企业落地难的问题。通过大数据平台，企业可实现对实时、离线、文件等多源数据进行采集和统一存储；与数据资源管理系统相结合，实现对数据质量、数据安全的统一管理；为各专业应用场景提供大数据分析微应用，进行数据多维度分析，实现数据共享及使用处理。

数据治理实践经验分享

下面结合我们企业在数据架构规划、数据资源管理系统的建设、数据安全管理方面的经验，来说明数据治理体系如何进行构建。

我们的数据架构是由数据模型、数据管控体系、数据平台支撑体系三个部分组成。未来整个企业的数据架构建设工作将主要围绕这三个部分展开。

数据模型，通过识别和定义数据主题域、数据主题、数据实体，形成企业级概念数据模型，建立全局数据视图。

数据管控体系，通过规划和建立数据管控组织、流程和评价考核体系，支撑对数据质量、数据标准、数据安全的有效管理。

数据平台支撑体系，是指通过建立企业数据仓库、数据资源管理系统、企业级应用集成平台，实现对数据模型、数据生命周期管理及数据管控体系的平台支撑。

如果你的企业没有做过数据架构规划，建议你们能尽快做这样的工作。通过数据架构规划定义企业未来几年数据治理方面要做的事情，这是一个高效的工作方法。

下面介绍一下我们的数据资源管理系统。我们数据资源管理系统目前包含主数据管理、元数据管理、数据质量管理、数据标准管理和数据安全管理。主数据作为数据资源中最重要、最基础的一部分，是企业实现数据资源管理的切入点，是解决"数据孤岛"问题、实现系统集成和业务协同的抓手。通过数据资源管理系统主数据模块的建设，实现对主数据全生命周期的管理，包括建立数据地图、统一数据标准、明确数据认责、明确管理模式和流程、实现系统集成和数据同步更新。

最后谈数据安全管理。我们制定了数据安全管理规定，对数据全生命周期进行管理和约束，包括数据的产生、存储、使用、传输、销毁等等。除了制度之外，在技术上还通过堡垒机控制和记录人员对系统及数据的访问。为什么要做这件事情？一是打消业务部门疑虑，二是满足审计的要求，最后为了保护内部 IT 人员。

数据治理不是一蹴而就的事，不是一个项目就能解决所有问题的事。作为企业信息化管理人员，数据治理是时时刻刻的事，应投入更多的时间和精力加强企业数据管理和数据治理工作。构建数据治理体系至关重要，持续治理管理数据更为重要。特别是互联网 + 时代，企业由 IT 时代进入 DT 时代，数据管理和数据治理的工作尤为重要。

第 6 章 大数据落地三部曲：重塑核心竞争力

数据洞察：甄别有价值的客户

鲍忠铁

首席数据官联盟专家组成员，北京腾云天下科技有限公司（TalkingData）首席金融行业专家，上海大数据联盟金融行业专家。

移动互联网是一种新的互联网业态，移动 APP 正在取代互联网时代的网站，成为客户、数据、消费等服务的入口。据 TalkingData 此前数据显示，中国移动互联网的设备量是 12.4 亿，其中 2014 年年底是 10.6 亿；15 ～ 60 岁的移动互联网用户为 9 亿，其中智能手机用户为 6.75 亿；平均每年新增 3 亿部手机，每天平均会增加 80 万部智能手机。如此庞大的数据带来海量的数据，这些移动数据具有以下特点：

1. 移动数据中包含地理位置信息。移动互联网同传统互联网的一个区别是移动互联网包含了 LBS 数据即位置数据信息。这些信息具有非结构化特点，以文本日志信息为主，揭示客户的日常习惯和行为轨迹，帮助行业了解客户特点和喜好。

2. 移动 APP 具有离线使用的特点。移动 APP 可以在离线的情况下进行使用，客户使用 APP 的行为数据将会记录在手机 APP 的日志中。传统互联网只能在用户在线的情况下进行访问，其通过网页抓包软件将用户访问行为记录在网站上，称之为在线数据记录。但是移动 APP 所有的数据都存在 APP 自身的日志里面，无论在线与否都需要通过 API（专业的 SDK，Software Development Kit，软件开发工具包）进行收集。

3. 移动 APP 的数据是活的数据，其生命周期较短。由于智能手机的更换周期一般为两年，因此采集到的移动 APP 的数据，其生命周期最长不应超过两年。一般建议 3 个月以内的数据价值最大，这些数据更能准确反映客户特点，是具有更大价值的数据。

移动数据应用案例分享

移动数据的应用方向很多，比如在用户经营、市场调研、行业洞察、店铺选址、互联网金融反欺诈等方面都有相应的应用，并取得不错的效果。

移动数据轻松搞定店铺选址

过去连锁快餐店利用人工方式进行店铺选址，会安排几个人站在十字路口，统计路口经过的人群信息，以周人群数量为指标决定是否开设店铺。移动大数据可以帮助商家进行店铺选址。移动设备的轨迹代表人的轨迹，设备的聚集度代表人群的聚集度。利用移动大数据，完全可以短时间了解这个区域每天经过的人流量是多少，这些人的消费特点和消费水平如何，等等。数据客观真实，实效性强，具有很大的商业价值。

2014 年同选址有关的应用包括汽车 4S 店新增 1200 家，银行网点新增 6800 家，连锁店铺新增 2000 家，快捷酒店新增 2000 家，自动取款机新增 27000 台。移动大数据进行选址具有低成本、准确、快速等特点，可以了解客户其他活动轨迹、喜好和消费层次等信息。

移动数据助力客户有效经营

移动大数据分析可以帮助所有企业做三件事：老客经营、新客获取、存客激活。

第一，老客经营。参考营销数据统计，企业推荐一个新产品给客户时，推销给老客户的成本是新客户成本的 1/4。同样的产品及营销投入，投向老客户产生的 ROI（投资回报率）是新客户的 4 倍。对于所有企业，最有价值的营销方式就是老客经营。

第二，新客获取。过去企业的广告都是广播式的，特别在 PC 互联网时代，不管客户需求，只要让客户看到广告就可以。但是在移动互联网时代，企业需要知道客户是谁，他们喜欢什么、需要什么。经过实际案例测试，利用数据方式进行精准营销，定向向目标设备投放广告，新客户的转化率将比原来提高 10 ~ 30 倍。

第三，存量激活。将休眠或活跃度低的客户唤醒，激活其在 APP 中的消费。在某行信用卡的案例中，手机游戏和信用卡的跨界营销激活的用户中，40% 是休眠一年以上的用户。

移动数据改变市场调研

过去很多调研公司采用手工小样本方式调研行业。他们常常会投入几十个人，花费 1 ~ 2 个月时间，利用几千份样本的数据来代表全行业数据。这样容易出现较大的偏差，耗时较长，分析报告出来之后，其价值将大打折扣。

借助于移动大数据，企业可以利用数据平台轻松高效地完成市场调研。移动大数据平台可以轻易收集 400 万份样本数据，人员投入少于 10 人，5 天即可完成数据分析。现在这种大样本、高效的市场调研工作正在发生。

移动大数据助力 P2P 反欺诈

随着数据的增多，互联网金融面对的风险也在加大，外部欺诈风险正成为一个主要风险。曾有 P2P 信贷公司统计过，其最大外部风险不是借款人的坏账，而是犯罪集团的恶意欺诈。网络犯罪正在成为 P2P 信贷公司面临的主要威胁之一，一些 P2P 信贷公司因恶意欺诈产生的损失甚至占整体坏账的 60%。很多 P2P 信贷公司将主要精力放在预防恶意欺诈方面，而高风险客户识别和黑名单成为预防恶意欺诈的主要手段。

线上的欺诈行为具有较高的隐蔽性，难以识别和侦测。P2P 贷款客户一部分来源于线上，因此恶意欺诈事件发生在线上的风险远远大于线下。中国的很多数据处于封闭状态，因而 P2P 信贷公司在客户真实信息验证方面面临较大的挑战。

移动大数据可以验证 P2P 贷款客户的居住地点。例如某个客户在利用手机申请贷款时，填写自己居住地是上海。但是 P2P 信贷企业依据其提供的手机设备信息，发现其过去三个月从来没有居住在上海，这个人提交的信息可能是假信息，发生恶意欺诈的风险较高。

工作单位是客户还款能力的强相关信息。具有高薪工作的客户，其贷款信用违约率较低。这些客户成为很多贷款平台积极争取的客户，也是恶意欺诈团伙主要假冒的客户。某个客户在申请贷款时，如果声明自己是工作在上海陆家嘴金融企业的高薪人士，其贷款审批会很快通过并且额度也会较高。但是 P2P 信贷公司利用移动大数据，发现这个客户在过去的三个月里面从来没有出现在陆家嘴，大多数时间在城乡结合处活动，那么这个客户恶意欺诈的可能性就较大。

恶意欺诈往往具有团伙作案和集中作案的特点。团伙成员常常会集中在一个临时地点，雇佣一些人，短时间内集中作案。大多数情况下，多个贷款客户在同一个小区居住的概率较低，同时贷款的概率更低。如果 P2P 信贷平台发现短短几天内，在同一个 GPS 经纬度出现了大量贷款请求，并且用户信息很相似，申请者居住在偏远郊区，这些贷款请求的恶意欺诈可能性就较大。P2P 信贷公司可以将这些异常行为定义为高风险事件，利用其他的信息做进一步识别和验证，降低恶意欺诈的风险。

人力资源管理：优化企业员工运营

单艺

首席数据官联盟专家组成员，猎聘网首席数据官，负责机器学习技术和应用研发、商业数据分析以及大数据基础设施建设。深耕于数据挖掘和商业分析，具有16年的数据挖掘和系统研发经验。曾任Omni-Dimension Inc（毕肯互动）和WPP Group（WPP集团）/奥美ITOP 24/7 Networks（奥美旗下ITOP公司）的CTO职务，负责数据驱动的互联网广告优化技术和精准广告网络的研发。还曾经担任空中网悟空搜索副总裁和美国雅虎网页搜索资深工程师，从事大规模搜索技术和文本挖掘技术的研发。毕业于清华大学和美国亚利桑那大学，获得了管理信息系统专业的学士和硕士学位。

招聘2.0时代的特色

经过十几年的快速发展，互联网招聘已经被求职者和企业广为接受，成为主流招聘渠道。近几年，网络招聘市场出现了不少新趋势，突出表现在：

1. 细分市场的浮现：五六年前，传统三大招聘网站基本掌握了整个网络招聘市场。近几年出现了一批专注于中高端人才、垂直行业、猎头众包、蓝领市场、招聘技术服务等不同细分领域的新兴招聘服务企业，通过以某一细分领域为切入点，构建了核心竞争优势，提供个性化、智能化的 O2O（Online To Offline，线上到线下）服务。

2. 效果导向：传统招聘网站的业务模式是企业发布招聘信息，然后守株待兔等待候选人投递。这种模式难以保证企业迅速找到合适人才，尤其是中高端人才很多是被动求职，投递较少。企业迫切需要解决招聘效果问题，进而高效率地完成求职者从筛选到面试到入职的招聘闭环。招聘 2.0 时代，除了提供简历搜寻和下载之外，还提供了自动推荐、猎头众包、意向沟通等效果导向的服务。

3. 求职工具移动化：随着智能手机的普及，越来越多的用户通过手机 APP 找工作。

4. 职业社交的兴起：除了通过职位投递方式之外，很多用户和企业也通过社交网络和在线垂直社区进行招聘。招聘经理和候选人也常常通过社交网络直接认识对方，直接交流，减少了沟通成本。

大数据优化企业员工运营

人力资源管理一般分为六个模块：人才规划、员工招聘、员工培训、绩效考核、薪酬激励和员工关系。在人力资源管理的过程中，大数据对这六个模块的作用非常大。

企业在进行招聘时，第一步是要做人才规划，需要了解行业人才情况，再进行人才搜寻。对此，新兴的招聘平台会自动获得相关人才推荐，并基于大数据的职位推荐系统向合适的候选人推荐职位，节省时间，提高效率。此外，还会采用职业社交网络发现一些高质量的被动求职者。

企业人才留存主要取决于员工满意度和外部的人才竞争。通过对日常工作行为数据进行收集、分析和挖掘，可以获得员工满意度方面的数据。外部的人才竞争情况则可以通过基于大数据的行业人才趋势报告和薪酬报告获得。综合这些数据，结合历史，建立一个员工的流失风险模型。用这个模型，企业就可以发现高流失风险的员工和可能导致流失的因素。然后，企业可以针对性地采取合适的行动去挽留那些优秀员工，提升员工满意度。

员工成功因素分析在一些成熟的大企业已经是常见做法，但大部分仍然是用定性的方法来做。随着数据分析和建模方法的普及，企业可以考虑用定量的模型进行更加精细的分析。企业可以在日常工作中收集员工的工作相关的行为数据（例如软件工程师的提交代码量、完成需求数量、缺陷率）和绩效数据，然后建立员工绩效模型来进行分析，发现影响员工绩效的关键因素有哪些。除此之外，企业也可以根据员工在工作之外的一些社交、消费以及自主学习数据，综合分析员工画像，概括出员工在工作之外的价值取向以及未来发展期望，进而找出与企业文化更匹配的员工。

人力资源的战略规划首先要从企业的总体战略出发，然后根据行业形势制定科学的人才发展计划。在2800万人才大数据的基础上，猎聘可以提供十三个行业以及更多的细分行业（例如互联网金融）的行业人才分析报告，其中包括了人才画像、职能分布、地域分布、流入流出、薪资分布等非常有价值的数据。同时，我们还可以提供按季度更新的、职能细分的薪酬数据库。这些数据对人力资源战略规划都会有很大帮助。

大数据在人力资源领域的应用才刚刚开始。很多人力资源工作者还不能深刻理解大数据和数据分析的价值和方法。在这方面，还需要很多的宣传教育工作。大数据人才包括分析师、工程师和科学家的缺乏严重阻碍了大数据的应用和推广。人才大数据中隐私保护也是不能回避的重要问题，需要个人、企业和社会的重视和理解。在技术方面，在复杂的应用环境中，如何保证数据分析和模型的性能和可解释性也是一个比较大的挑战。

企业应该根据自身的实际情况，从目前对业务发展影响较大的方面去考虑运用大数据。在前面的问题讨论中，在人才规划、招聘和薪酬方面，可以考虑使用可靠的大数据产品和服务。在员工培训、绩效分析和员工关系方面，在条件成熟的情况下可以和数据分析师、咨询公司合作，使用量化模型的方法来分析相关的业务问题，设计科学的解决方案。

数字商业：挖掘商业时刻的商机

张锐

首席数据官联盟专家组成员，时趣 Social Touch 创始人兼首席执行官。

数字商业时代的到来

随着信息、社交、移动和云的趋势同时到来，再加上物联网技术（IoT, Internet of Things）的不断成熟，使得“数字 /Digital”和“物理 /Physical”世界的边界越来越模糊，从而产生了数字商业。

数字商业最大的新特点是把商业（流程和信息）、人和实际的产品作为三个平等的要素考虑，特别关注它们之间的价值交换和创造。Gartner（高德纳咨询公司）的定义比一味地强调“互联网化”更加准确，特别是把 IoT（物联网）的发展变量包含进来。其实，纯粹的互联网商业模式也在从单纯的线上走向线下：Google 在智能设备、无人驾驶汽车方面投入重金；滴滴出行把车和司机对于智能手机的利用作为 IoT 的第一步，未来还会继续向智能车载设备方向继续深化。所以当中国在热炒“O2O”概念的时候，一定要再仔细想想，所谓的 Offline（离线）部分在 IoT 领域有什么更深层次的机会。

从商业模式到商业时刻

不同于传统商业，数字商业是思维转变，从商业模式到商业时刻。传统的商业中，思维方式更集中在 Business Model（商业模式）和 Business Process（业务流程）上。而在数字商业中，思维的起点首先是从 Business Moment，即从商业时刻开始。企业发现，找到消费者和企业之间相关的一些“关键时刻”，进而透视这个商业时刻之后潜在的“人—智能硬件—商业流程”之间的机会，会找到更多创造新的商业价值和满足消费者需求的机会。

举个例子，当消费者发现自己的航班晚点之后，其实在那个时刻会衍生出大量新的需求。过去这些需求可能得消费者自己去借助多个企业提供的产品和服务进行沟通，而现在这些麻烦的背后可能都是企业可以抓住的全新的商业机会。这就是商业时刻。

数字商业转型

那么，企业如何从传统商业升级为数字商业呢？主要有三种模式。

1. 收购技术型公司，获取技术和数字相关的人才和能力。这种方式需要企业具有相当的资金实力。

2. 更充分地和 Digital Supplier（数字供应商）合作。Digital Supplier 是 Gartner 提出的一个新概念，言下之意是过去大量的 B2B（Business-to-Business）公司其实本身也面临着巨大的数字化转型的压力。在这种背景下，需要特别注意选择一些具有创新力的供应商进行合作。

3. 自身创新。发挥自己的主观能动性，发展空间最大，但也可能会顾此失彼，出现左手打右手的情况。自身创新比较推荐双模式，即首先独立于传统业务开始投资，而后随着时间的推移，等待数字业务的成熟度和收入规模逐步上升，乃至超过传统业务的收入规模。

数字商业时期的营销管理

既然数字商业时代不可避免，而且优势明显，那企业又应该如何做好营销管理呢？其实，对于企业而言，它是营销管理者最好的时代，也是最坏的时代。

这是最好的时代。因为营销管理者从来没有像今天这样被 CEO 所重视，CEO 们也越来越没法用一种“其实我比你还懂”的口吻和心态与 CMO 进行对话。

这是最坏的时代。因为变化实在太快，营销管理的岗位前所未有地变成了一个需要不断学习、不断尝试和探索的岗位。去年非常成功的方法，今年未必可行；别人成功的秘密，你未必可以照搬。

营销管理工作所需要营销组织能力的变化有一个清晰的脉络：广告采购—创意内容—技术驱动的运营。

最早广告采购能力是关键，买到性价比高的媒介资源，营销胜算就有了 80%。因此，只要能成为标王，营销成绩已不会有太大意外。

而创意时代来临，Big Idea 成为了 CMO 挂在嘴边的一句话：这个 idea 不够 big，我们要 bigger and bigger。再然后 CMO 们突然发现，其实一个 idea 很 big 又如何呢？在社交媒体上没有一个热点能火过一个月。关键是要有一整套的内容创造能力和体系，才能去喂饱社交媒体上的注意力黑洞。

2015 年，另一个重要的趋势慢慢变得明显：内容其实也不是最重要的，更多 CMO 意识到其实最缺的能力还是整套营销运营能力。这种运营能力是需要打破付费媒体、自有媒体和赚取媒体的边界，也需要打破品牌创意、公关、自媒体运营、CRM 管理和电商管理的界限，核心是构建“用户获取—用户画像—用户转化—用户分享—用户增值”的以用户为中心的移动营销系统。这样才能够使得企业把自身积累的数十万、数百万的消费者关系进行充分地变现和持续经营，同时把每一分钱的媒体预算都紧密地和用户价值结合起来。

那么，在这样一个最好和最坏的时代，企业营销管理者要如何应对？

一是情绪 / 热点流量。所谓情绪或热点流量，指的是当社交网络上，一件事情或者其所代表的情绪在传播量达到一个临界值时，会进一步放大成为一个流量黑洞，形成刷屏效应，席卷所有人的注意力，最终自动形成巨大的阅读量、转发量和讨论量。

二是优质内容与 IP 流量。营销管理的一个很大的挑战是成功的确定性。天天让 CMO 提心吊胆、烧香拜佛总不是事儿。因此，2015 年营销实践的智慧使得 IP 结合的营销成为了更加有钱的营销主更加青睐的一种获取移动流量的方式。

三是考虑到媒体也是人。2015 年，移动营销的核心本质更加清晰地显露在了商业世界面前：创意、内容当然是流量附着的重要载体，然而真正规模巨大、确定性高、潜力最大的媒体，是与品牌相关的每个人身上的流量。运营人的流量，现在市场上有三个方法，分别是：

微商

毋庸置疑，最先利用了移动互联网流量创新实现了巨大商业价值变现的人是微商。当然，其中很多微商游走在许多灰色的商业地带：二级分销和传销、劣质产品和夸大宣传……

随着消费者理解能力的不断提升，第一批粗暴的收智商税的打法已经慢慢失效了。但是在 2015 年年底，中粮、蒙牛等大品牌的一些销售公司开始入场，又给这个模式带来了一些新的变化。

图 6-1 中粮健康生活家招募

图 6-2 中粮健康生活家个人二维码海报

微商模式的创新性在于找到了一种变现个人流量的方式和方法。第一批微商的成功，很大原因是利用低成本高效率的朋友圈流量获取变现。然而它的局限性也在此，把人当货架，和正常人在社交中的人格需求有巨大的冲突。急功近利的微商难以处理好两者的关系。

社群

社群在 2015 年成了一个 buzz word（时髦词语），从品牌，到自媒体，到网红，人人都在谈社群，人人都看到了社群一旦形成的价值。简单说，社群的价值是在于，给一个商业模式安上一个自带流量的发动机，这个发动机的价值就在于能够解决商业模式的流量需求，还可以不断地增加流量规模，匹配商业模式的升级。难点当然是在于社群如何能够建设起来，特别是社群的建设还需要和商业模式本身完美匹配，变成商业模式的一部分，形成一个整体的正向循环。

目前成功的社群基本上有两种，一种是依靠强内容，把高质量内容当成一种服务来吸引和维持社群的规模，同时带动内容相关的周边产品的销售；另一种是依靠个人化的价值观，通过价值观的影响力聚集同好人群，形成销售驱动。最牛的当然是两者兼备的社群。所以说“网红会写作，谁也挡不住”。

Social CRM

微商和社群也许代表着一部分新的商业模式创新，但是对于巨大的传统商业存量来说，这两种营销模式的不确定性和局限性还是太大。但是核心思路是对的，即如何找到一种新的组织方式，能够让更多的人愿意将自己的自媒体流量贡献出来，帮助企业实现自身的营销目标。某种程度上来说，这个思路是分享经济在营销领域的一个重大机遇。

当移动互联网使得每一个人都是流量的拥有者，这个社会需要一个有效的平台能够把每个人的流量和企业的需求完美地匹配起来。这种匹配不仅仅只是流量规模和价格的匹配，还包括精准性、流量质量、品牌价值和社交价值的匹配，以及能形成符合各方利益的复杂的价值交换机制。

SCRM（Social CRM 的简称）是本人认为价值交换机制的最好体现。这其中的核心理念是企业和人群的关系不再按照消费者的消费习惯来划分，而应该按照企业和人群之间的社交关系动力和人群的社交影响力来划分。

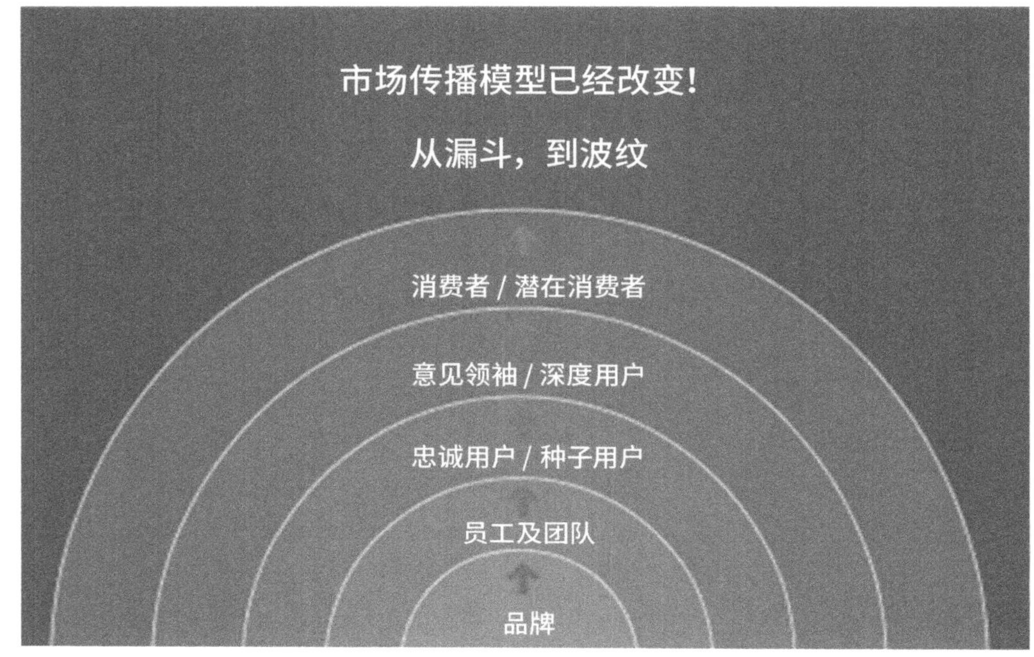

图 6-3 市场传播模型的波纹关系图

其次，不同社交关系动力维度上的人运营的方法不同。员工或者企业利益相关方需要内容运营方向更偏重于企业的品牌建设，能够把企业的价值与他们的社交货币价值紧密结合。企业的 KOL（Key Opinion Leader，关键意见领袖）影响力大，有更强的利益分享的需求。普通消费者的运营、黏性的保持和权益不断的更新是运营的重点。

最后，SCRM 的运营只有高度依赖软件，才能实现大规模的自动化和基于数据分析的不断优化，以及应对各种强大的作弊行为。

在过去，CRM 仅仅是部分行业在营销上的一种防御性的营销方法。而在移动社交时代，SCRM 将会成为 80% 的企业必须具备的一个攻击性为主、兼具防御性的营销方式。某种程度上，没有 SCRM 体系的移动营销，其实还只是停留在非常表面的状态。

企业指标体系：实时响应，精准运营

王真震

首席数据官联盟专家组成员，杭州华量软件有限公司创始人兼董事长，荣获 2015 年杭州市人力资源和社会保障局评选的“十佳创业者”称号。在商业智能领域的咨询规划、市场营销方面经验丰富，曾成功在政府、金融、互联网、电商等行业推进多个大型项目的实施，精通互联网行业，擅长探索与发掘数据潜在价值、革新与运用数据智能化，是大数据价值创新的深耕者、大数据等现代专业性的专家。

当前，企业越来越重视大数据的应用，用大数据支持企业的经营管理。企业管理层通常通过企业的资产负债表、损益表、现金流量表等财务报表来分析企业的经营运行状况。但是这种传统的财务评估方式面临报表输出周期长、信息滞后、只看到结果未体现过程、信息片面等弊端，面临当前瞬息万变的市场格局和稍逊即逝的市场机会，无法支撑管理层作出及时和准确的经营决策。

这种情况下，企业指标体系建设的急迫性呼之欲出。通过梳理能够衡量企业运营情况的财务、销售、物资、人力、库存等综合数据指标，企业指标体系可以全面量化企业日常运营健康状况。这些指标可以从企业的 ERP（企业资源计划）、CRM（客户关系管理）、SCM（供应链管理）、HRM（人力资源管理）等业务系统中自动地采集、计算、汇总并展现，实现日常记录、监测和预警，使得企业管理层实时了解企业运营状况，并针对指标变化情况做出及时反应。通过抽取指标体系中的关键指标，还可以实时生成运营月报、周报和日报，使得运营部门摆脱传统报表准备时的痛苦经历。指标体系建立以后，对于指标的解读能力则需要长时间的经验积累，否则无法看到数据背后的业务含义。

每个行业的指标并没有严格定义，可根据企业特点进行确定。以电商企业为例，常见的指标有几十项，包括转化率、客户数量、客单价、商品集中度、平均停留时间、店铺 PV（访问量）、店铺 UV（访客数量）、客户重合度等。

大数据促使精准化营销

越来越多的企业在业务开展中秉承以客户为中心的理念，更好地服务客户，从而实现企业业绩的可持续增长。因此，客户分析也成为企业大数据应用的重要领域。通过对客户特征和行为的分析，可以实现客户细分，从而针对不同的客户群进行精准化营销。

以商场为例，客户信息主要记录在会员系统中，平时缺乏有效的数据分析和利用，仅在遇到节假日或店庆日向所有的会员发送活动信息，数据使用手段单一且缺乏针对性。基于大数据的客户分析可将会员系统、商场无线 Wi-Fi 系统、视频监控系统、交易系统、第三方影院和餐馆数据等进行有机整合，实现客户 360° 画像、VIP 识别等。

例如，当客户手机接入商场无线时，可通过客户手机号查询该客户的会员信息和历史交易信息，并搜集客户手机应用商场 APP、微信公众号或轻应用的交互信息，了解该客户的基本信息（如性别、年龄、总消费额、次均消费额）以及客户偏好（如业态偏好、品牌偏好、活动偏好、优惠偏好等），结合商场和店铺活动，发送针对性的促销信息，促进客户消费。对于 VIP 客户，还可以提供专人服务，提升客户体验。即使该客户还不是商场会员或者暂无交易记录，也可以通过商场部署的 Wi-Fi、蓝牙、探针等设备采集客户到店行为，例如逛了哪些店、到店停留时长等信息，并分析客户购物偏好，从而在后续该品类 / 品牌店铺举办活动时，定向地向这些客户发送相关信息，促进销售。

大数据寻找新商机

大数据分析能帮助企业寻找新的商机，优化现有产品组合。

以某花卉种植和销售企业为例，通过线上和线下的花卉历史销售数据，再结合日期、温度、天气等外部记录信息，可以分析花卉销售与气温的关系，指导花卉种植和营销。前者数据属于企业自有数据，而后者数据可以通过气象局公开数据进行获取。另外，企业还可以分析线上网店客户评价反馈、微博数据挖掘等，分析最近哪些品种的花卉最受用户喜爱，可以提前安排引进和种植，捕捉潜在商机，扩大销售额。通过对行业网站、同行网站、电商平台的数据采集和分析，企业还可以实时了解行业和竞争对手动态，为企业决策提供依据。

大数据优化企业运营

在日常运营中，企业除了考虑发布新产品、扩大客户群、提升销量等开源措施时，也需要考虑如何节省运营成本等节流手段。以差旅管理为例。差旅支出作为企业的第二大可控成本（人力成本排第一位），管理与不管理能节省的成本差额可达 25% ～ 35%。在大数据时代，利用数据分析，差旅成本可进一步控制，对大中型企业而言尤为重要。

传统的差旅管理涵盖差旅申请、机票和酒店预订、费用支付和报销审核四个环节，涉及差旅系统、第三方机票和酒店管理系统、报销系统等 IT 系统。对于差旅成本控制，往往通过事前主管审批和事后财务审计来实现，人力成本高、效率低不说，而且依然会存在很大的疏漏。例如机票是否提前 N 天预订、预订当天是否选择合理价格航班、预订机票是否使用、改签和退票次数是否合理等，酒店价格是否合规、自订酒店是否合理、标准间是否合住等，如果需要人员逐一审核，则可以说是巨大的挑战。即使部分机票系统和酒店管理系统提供了部分审核功能，对于需要机票和酒店信息整合后的审计也不是单个系统能完成的。例如，机票和酒店所在城市、时间是否吻合，酒店费用最后一天产生半天房费是否合理等，都需要综合机票、酒店、差旅规定等信息进行分析。

差旅大数据分析不仅考虑机票和酒店订单，还可以进一步结合部门和员工信息、航班历史价格和准点率、员工出差地址、GIS 地图信息等，实现差旅政策优化，并为出差人员提供差旅贴心提示。例如，通过出差人员输入出差城市和地址，并结合员工所属部门和级别，自动给出符合要求的酒店推荐；统计热点城市大部分员工出差区域与协议酒店覆盖范围，评估是否要增加协议酒店或调整协议酒店地理分布，减少员工交通和时间成本；分析热点航线机票价格与日期关系，优化机票提前购买天数的差旅规定，降低总体机票成本；分析企业各部门、各类员工差旅预算执行情况，评估优化空间，等等。

如何用好数据

在一个企业里，大数据的用户往往不是 IT 人员，但又必须让他们用好数据，所以可以按照以下几点来执行：

一定要大数据展示。数据展示是大数据应用的“最后一公里”。企业数据分析完后的结果要呈现给最终用户才能产生价值，例如企业管理层、业务部门、普通员工等。一图胜千言。大数据可视化已成为数据最直观和生动的展示方式，让企业告别枯燥的数据罗列和堆砌，有助于用户迅速抓住数据传递的信息。

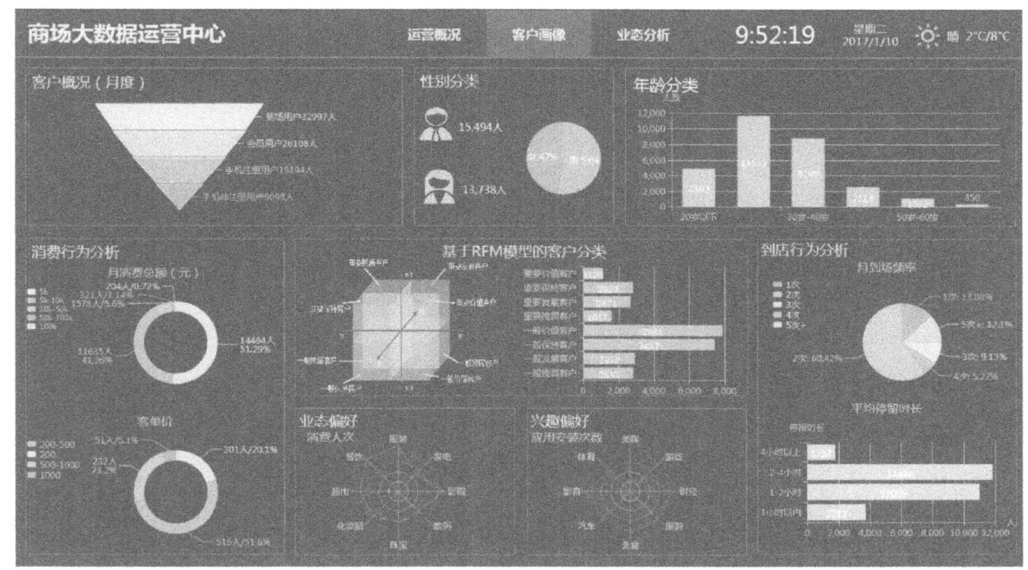

图 6-4 智慧商场大数据可视化（1）

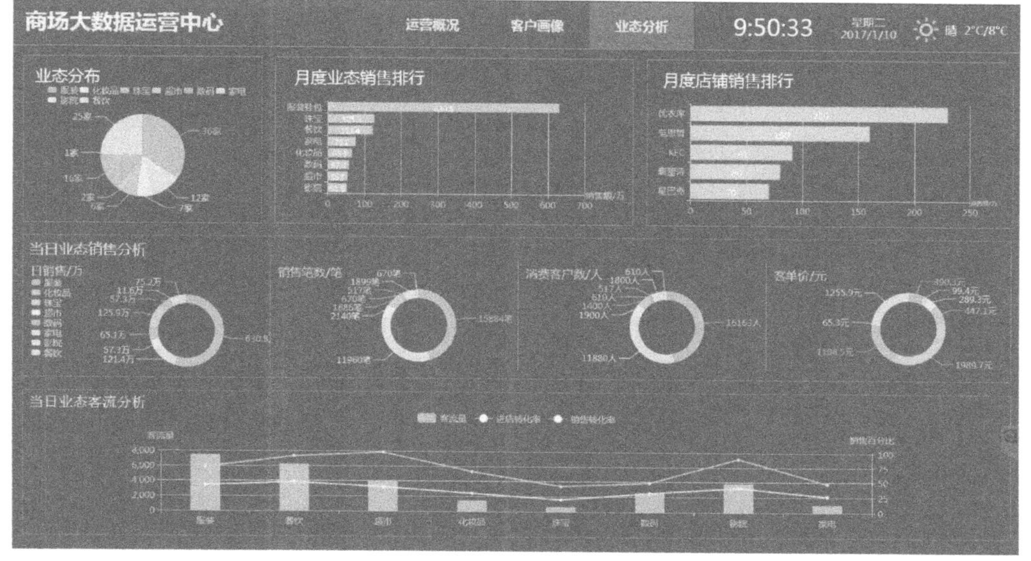

图 6-5 智慧商场大数据可视化（2）

当前数据可视化具备以下几个特点：

支持交互式：数据可视化不是固定报表模板的简单呈现，而是允许用户按照关注的数据指标，灵活进行可视化报表的布局设计和图表类型选择，并且允许用户进行数据交互式分析，例如改变分析维度、数据钻取、筛选和统计等。

数据动态刷新：传统报表是静态数据展现。大数据可视化支持数据的高性能的采集和计算以及准实时的刷新，使得企业用户及时获得所需要了解的信息。

灵活的终端展现方式：随着移动终端成为人们工作生活不可或缺的部分，大数据可视化不但要支持在 PC 端的展现，还需要在手机和 PAD（平板电脑）端展现，能让用户随时随地地访问数据。另外，针对企业运营监控场景，还需要支持大屏的数据可视化展现。

企业大数据的挑战

俗话说得好，巧妇难为无米之炊。大数据应用的基础是数据资产的整合和管理。大数据整合是企业面临的最大挑战，需要同时考虑企业内部业务数据和第三方数据。

企业内部数据包括客户、产品、交易、财务、库存、人力等数据，既有来自ERP、CRM 等业务系统的结构化数据，也包括来自邮件、网站、视频监控等系统的非结构化或半结构化数据。企业内部数据为企业所拥有，是最方便进行收集和利用的数据源。针对这部分数据，最常见的问题是数据分散、数据不规范等。因此数据整合需要考虑数据采集、清洗、转换和汇聚等。

企业外部数据种类更加丰富，比如行业信息、市场信息、合作伙伴信息、物流信息、客户评价等。这类数据可以来源于多种渠道，例如政府统计数据、网站信息，甚至是微博、微信等社交媒体数据。对于第三方开放的数据（如合作伙伴、物流信息），可以通过数据接口或 API 进行采集。而对于互联网数据（例如行业网站），则需要基于爬虫技术进行数据抓取，并通过数据清洗、语义分析等提取关键信息，用于后续数据分析。

企业采集数据越全面，数据活跃度越高，企业就拥有更多的数据资产，才能确保大数据应用成为有源之水、有本之木。

智慧运营中心：大数据描绘城市画像

郭晟

首席数据官联盟专家组成员，立得空间信息技术股份有限公司董事长兼 CEO、中国测绘学会摄影测量与遥感专业委员会理事、湖北省测绘学会理事及东湖新技术创业中心科技协会副主席。先后荣获“国家科学技术进步二等奖”“国家测绘科技一等奖”“湖北省测绘行业先进工作者”“2008 年湖北省高新技术产业十大有突出贡献中青年专家”“建设领域信息化 2010 年度优秀人物”等称号。

智慧城市的大数据问题

大数据时代，智慧城市的发展日益成熟。随着数据的增长，大数据在智慧城市应用中遇到以下两方面问题：一方面很多数据是存在政府手中，政府掌握着生老病死等等的数据，而且数据缺乏规划；另一方面是部门专注于自己的信息化，在数据采集和处理及开展自己业务时，主要以自身的角度对所有信息进行重复采集，并且反复地用企业的资金投入做信息收集。如此一来，多头采集导致数据碎片化，信息失真，从而令很多部门的数据分析结果片面化。

大数据运营智慧城市

为何出现这些问题?

第一，从城市的管理者和服务者的角度来说，他们没有重视服务者的职能，职能转变融合度不够。每个部门只关注本部门，缺乏关注其他更多的服务。

第二，业务联动整合的难度比较大，每个部门有本部门的利益与考虑，导致他们在应急情况时联动性比较弱。在规划城市重大决策的时候，全局性的信息比较缺失，进而影响效能。

第三是功能强化，服务比较弱。对此，我们提出创新，从信息化和政府的业务、服务机制的角度去规划城市信息化未来发展的路径。

运营中心本身是创新，此外还需要融合。通过融合将创新的驱动最终落到实处，让每个部门的业务协同起来，做好服务，搞活城市的经济。通过信息技术与服务的管理以及流程的深度渗透和融合，产生新的政府服务管理形态，促进政府决策、管理水平服务的提升，促进社会的运行方式、工作方式、生活方式、组织形态和行为等发生重大转型，最终以人为本规划城市的建设，规划管理等等。

融合的本质是信息的整合。在互联网 + 大数据的时代，资源目录方式比较欠缺。要更往前走一步，把数据变成城市的画像。现在很多城市已经完成了统一的网络平台，部署了政务云服务中心。后一步是在基础云平台上提供服务，把城市的知识库建立起来，为更多的政务应用、企业应用提供支撑。

再有是服务手段。我们通过以人为本的方式为公众提供服务，基于创新和融合提出来智慧城市运营中心，目前已经在佛山市南海区数据统筹局得到推广。它的经验已经写入了读本，主要是从数据统筹的角度将城市的基础知识库建立起来，在知识库的基础上发展城市的信息化，深化各个行业的应用，更好地实现城市的治理和公众服务。

智慧城市运营中心架构

智慧城市运营中心主要由 IT 运维中心、大数据中心、城市运行监控和指挥中心、智慧服务中心四大部分组成。

IT 运维中心提供面向智慧政务统一的云存储、云计算服务，是城市物联网的接入枢纽，是时空信息云平台的基础设施层（IAAS 层），是智慧城市运营中心的“躯干”，是大数据中心的工程师、医生和保安。IT 基础架构、流程监控、工程文档、业务备份、在线监测、周期巡检是数据中心运维工作的六个重要方面。只有做好这几个方面的工作，才能让智慧城市运营中心保持长期稳定运行，并能产生良好的效益。这是智慧城市运营中心运维水平高低的主要体现，并由城市首席技术官（CTO）直接分管。

大数据中心主要推动政府统筹大数据建设，完成大数据的采集、处理、整合、共享、挖掘、分析和应用，将信息孤岛升级为信息城市，由城市首席数据分析官（CDO）分管。

城市运行监控与指挥中心负责城市日常运行体征的监控、各委办局指标评价和考核、日常事件的协调指挥以及紧急情况下的应急指挥，由城市首席绩效考核官（CPO）分管。它通过与各业务部门指挥系统的对接，统一监管、扁平化工作，在不影响各部门业务的同时实时了解城市运行情况与发展态势，为各部门协同工作、领导决策提供支撑。它主要由信息接入系统、协调分发系统、应急指挥系统、KPI 考核系统、统计与分析系统、领导决策数据分析系统、领导驾驶舱、城市运行主题应用系统、外部资源调用接口等组成。

智慧服务中心主要由公众服务门户、数据开发平台、大数据交易中心三部分组成。它是面向社会企业和公众的集中式信息化开发平台和大数据服务平台，由智慧城市运营中心管理办公室主任直接分管。智慧服务中心的主要宗旨是打造大数据交易集市，将更多的公众服务让专业公司来提供，促进大数据产业的发展，让大数据真正服务于市民。

智慧城市运营中心运营模式

智慧城市运营中心的运营模式如下：

第一是通过运营中心的平台共享各个部门的数据；

第二是能够查询互联网和物联网的实时数据，通过数据集中对数据进行实时监测和分析，为行业深化应用提供支撑。同时，政务开放一些数据用于服务企业和公众，也可以让社会资本和社会力量参与进来；

第三是城市的运行监控和协调，我们可以为城市的运行指挥中心服务。

智慧城市运营中心的第四个中心是智慧服务中心的建设，利用一网一站一个呼叫中心的模式，能够把政府开放给公众和企业的资源开放：网站公开政府的信息法规、招商引资、办事的信息，数据开放的资源、服务及接口，最终服务的管理委托社会资本提供各种数据服务的管理。只要数据统一出口，统一标准，统一服务规格，统一一个访问的入口，以及统一的很多端，将来智慧服务中心就可以长久地运行。

这里面有一个产业就是大数据产业，叫互联网 + 大数据的模式。比如武汉东湖大数据交易平台，让更多的企业利用政府的数据挖掘出更多便民的服务。政府做的更多的是怎样把资源开放，通过大数据的产业链来为公众提供服务，有些提供数据的管理，有些提供数据的挖掘分析，有些提供数据的应用，形成一个产业链所需的生态。在这其中，政府可对产业链生态进行引导，并让企业参与生态的发展。

建设智慧城市数据平台

智慧城市运营中心的运营作用如此大，必须要重视数据平台的建设。因为数据平台包含城市的人口、法人等方面的数据。在这个资源池里，需要将数据按照要求、主题、部门、公众服务等进行分类建库。在这过程中需要对数据进行清洗，通过清洗比对的结果对数据反过来进行一个维护，同时做好整个数据的全程的核实工作。

此外，还需要解决数据资源共享的问题。一个服务，哪些通过 APP 提供，哪些通过接口提供，怎样把数据整合到一起，需要政府制定法规和管理办法以及标准。

对此，我们的建设思路是，把各个行业的数据收集抓取在一起之后，通过一系列的数据的清洗、转换、关联重组、安全加密进行授权，把服务发布出来之后再发布行业应用，对数据进行定制化的服务。

整体架构利用数据交换共享平台，获取数据以后进行资源库建设，最终形成一个面向各行业提供数据服务的平台。这个平台一方面可以把数据发布成服务，第二、第三方的服务也在平台上面注册，为其他行业应用提供数据服务。

将来信息惠民可以在城市的数据级的基础上，提供更多的信息惠民应用的数据集。对公众和企业开放之后，企业和公众可以利用开放的数据集提供信息惠民的数据服务。

公共信息平台：让智慧城市迈向精准城市管理

石峰

首席数据官联盟专家组成员，北京博图纵横科技有限责任公司副总裁。

我国电子政务主要从部门、行业信息化率起步，形成了“纵强横弱”、“条块分割”和“信息孤岛”等问题，自成体系、重复建设问题未能得到根本解决，部门信息壁垒难以突破，由此造成了信息资源难以共享，同时还面临着采集工作量大、数据不一致、数据准确难、数据动态难等问题。因此，政务信息资源共享成为普遍存在的一个老大难问题，长期困扰和制约了智慧城市建设向纵深推进。

按照住房和城乡建设部《智慧城市公共信息平台建设指南（试行）》的标准和要求，把城市公共信息平台建设作为智慧城市重要的基础性工程，深化公共信息跨部门跨层级共享为抓手，整合共享各级政府部门和公共服务机构的公共信息资源，稳步推进城市公共信息平台建设，在提升政府管理和公共服务水平、降低行政成本、提高行政效率、方便市民办事等方面发挥了关键性作用。

城市公共信息平台建设思路

城市公共信息平台承载多个部门的数据交换共享工作，涉及数据种类繁多、数据量大且分布广泛。想要发挥大数据的作用，需要知道数据在哪、有哪些数据。所以在城市公共信息平台建设及运营过程中要注重目录体系和交换体系建设。由于政务信息资源门类多、数量大、分布广、标准不一，在目录体系建设上，很多地方花很大力气梳理部门政务信息目录并建立了目录系统，但因为信息变化大，维护工作量大，而信息应用少，造成信息目录系统只建不管、只建不用现象非常普遍。在交换体系建设上，由于部门分割形成的理念、体制、技术等方面阻力，极少建立实时、动态的数据交换平台，现有数据也仅仅是一次性拷贝或很长时间交换一次，或者今天交换明天不交换，使得交换的数据是“死数据”，无应用价值。

建设思路上不能为建设而建设，应该走应用带动的路子。目录系统建设应该是在数据交换基础上，而交换的数据是在应用基础上，通过应用需求驱动数据交换，通过对交换数据进行梳理、建目和入库，逐步建设和完善政务信息资源目录，从而为政务信息资源共享和业务协同应用提供支撑。通过目录体系的建设，规范政务信息的归集、整合和管理，逐步形成全市政务信息资源共享目录，方便用户发现、定位和共享信息资源；通过交换体系的建设，规范数据交换接口和流程，整合完善全市统一的政务信息交换平台，实现部门间横向按需的信息交换。

一个完整的城市公共信息平台应包括如下内容：

平台总体框架由数据交换与数据处理两部分功能组成。数据交换部分包括数据交换专网、数据交换管理、交换数据管理。

1．数据交换专网，为确保数据交换的安全保密，以及部门业务数据库的安全运行，在电子政务专网以外，搭建部门和电子政务之间的数据交换专网。数据交换专网与电子政务专网之间采用物理隔离的防护措施。

2．数据交换管理，包括数据交换前置管理和数据交换接口管理。数据交换前置管理主要负责完成部门到中心、中心到部门之间的在线、实时、可靠数据交换传输。

3．交换数据管理包括：基于部门业务数据，建立数据交换元数据管理和目录管理。

数据处理部分包括数据清洗、数据关联、数据比对、数据核查、数据入库、数据变动、数据应用、数据台账、数据查询、共享服务等。

智慧城市实时交换共享机制

当城市公共信息平台搭建起来之后，需要一个适合智慧城市发展的交换机制。一个好的交换机制要做到以下几点：

首先信息的动态、鲜活是信息共享和应用价值的关键，而实时交换共享机制是保障信息动态、鲜活的关键。实时交换共享机制必须实现：一、要在线自动交换，采用前置机方式，即在部门业务数据库与数据交换中心之间部署前置交换机，以完成两个数据库之间的在线实时交换；二、交换频次要短，最好实时交换，也可以一天两次或多次，对实时性要求不高的可以一周一次或一月一次。数据交换频次设定根据信息应用具体情况，或者在不影响部门业务数据库前提下与部门协商交换条件。比如：宜昌市建设了社保信息网上查询系统，最初商定一天增量交换一次。但市民在查询使用时对实时性要求越来越高，市民在医院或者药店消费后，需要查询其消费额及医保账户余额，而现有交换频次不能满足市民需要。经过与市人社局协商，医保消费记录信息和医保账户信息的交换频次提高到了 5 分钟一次。

实时交换共享机制为信息共享建立长效机制提供了技术保障，同时减轻了数据交换维护工作量。数据维护工作人员每天只需对数据交换情况进行监控，以及对异常数据交换情况进行处理。

数据质量保障机制

好的交换共享机制能够让数据活起来，但数据能不能用，还得看数据的质量。保障数据质量需要做到以下几点：

以数据采集为抓手。数据采集是信息共享数据来源之一。部门除了通过日常工作中产生大量业务信息，还在基层采集大量基础信息。如公安部门在社区采集“两实”信息（实有房屋、实有人口），人口计生部门采集全员人口信息，人社部门采集居民信息，民政部门采集社区人口信息等人口基础和人口变动信息。

以人口信息为例。将公安部门人口信息与计生委人口信息进行数据比对，会发现大量数据不一致的问题。就常住人口信息两家大相径庭，原因有的是数据口径不一样，有的是数据采集不准确，而且不知道谁对谁错。将结果反馈给两家部门，都说自己的数据没有问题。通过调研发现，各部门在基层开展的数据采集，由于基层工作人员少，而数据采集工作量大、重复采集多，造成采集的数据质量很差，主要是动态更新不及时和准确性不够，其结果都不能作为基础数据来建设人口基础数据库。因此，采用第三方数据采集“网格采集”，是解决基层动态采集、多头采集、重复采集的有效路径。

数据质量直接关系到共享的信息能不能用。数据质量问题就是要解决数据不一致和数据准确性，解决方法就是开展数据关联比对和数据核查。但部门之间数据标准不一致、数据口径不一样，其关联比对结果相去甚远。同时，对于不一致或者错误的数据，没有一个部门愿意，也没有一个部门有能力进行核查纠正，原因是核查纠正数据工作量大。因此，采用第三方数据核查“网格核查”，是解决数据不一致、不准确的有效路径。

只有通过周而复始的采集交换—关联比对—核查纠正，才能在此基础上建立动态、完整、准确的人口、法人等信息数据库，最终为向各级、各部门提供动态、真实、可靠的共享信息奠定坚实基础。否则，即使建立了数据库，但不能提供动态、真实、可靠的共享信息，不仅得不到部门认可和继续支持，更会陷入信息共享的恶性循环：部门不能共享或者共享信息不能用，部门就不再积极提供或者支持，部门不提供就不能进行关联比对，不关联比对就更不能保障信息的动态、真实、可靠，最后逐步成为“死数据库”。

城市公共信息平台实践案例

以宜昌市为例，按照“大统一”的建设模式，通过城市公共信息平台建设，实现了多部门之间的信息共享，支撑了智慧宜昌应用体系建设，开展了全方位的网格化社会管理与惠民服务，取得了明显的突破和成效，为成功解决老大难问题探索了有效途径。

宜昌市公共信息平台中，户籍人口、常住人口、流动人口、法人信息等基础信息完整程度较高，覆盖了城区人口和法人信息的 90% 以上，实现了人口、法人、空间地理基础信息 25 个部门无条件交换，占全部委办局的 90% 以上。

其中，人口基础信息无条件交换部门 14 个，为公安、人社、民政、卫计、房管、公积金中心、电子政务（市民查询）、综治（网格采集）、教育、国土、司法、民宗、残联、工会。

法人基础信息无条件交换部门 9 个，为工商、质监、地（国）税、住建、城管、环保、水利、食药监、公共资源交易。

空间地理基础信息无条件交换部门 2 个，为国土、规划部门。

截至 2015 年 8 月底，宜昌市公共信息平台数据总量为 24.1 亿多条（部门交换 380 份数据表、8439 个数据字段、5 亿条数据；中心库交换 235 份数据表、4713 个数据字段、1.6 亿条数据、17.5 亿条历史数据），每天新增入库 100 多万条。

目前，宜昌市 18 个部门间利用公共信息平台，在公共信息共享利用上开展了业务协同，取得了一定成效。

民航大数据处理平台：安全预警 降低隐患

周书杰

首席数据官联盟专家组成员，曾任海云数据合伙人，专注于通过企业架构搭建、大数据思维开展企业信息化工作，擅长 IT 战略规划、IT 产品项目建设和管理。

民航企业拥有旅客、航班信息、飞机信息、气候、机场等海量大数据，其目前庞大的现存数据中，75% 都是非结构化数据，包括各种文字、语音、图像、视频、社交关系、空间轨迹等。它们基本异构且分别独立，如同一座座信息孤岛，难以协同工作，发挥本应拥有的价值。多而杂的数据现状已成为民航业应用数据的瓶颈所在。因此，大数据企业做民航业项目的时候，不仅帮民航业提供大数据处理平台，还为民航企业提供数据运营服务，通过可视化分析手段，真正帮助民航企业在安全监控、运营管理、流程优化、指挥决策等方面挖掘数据价值。

民航的大数据应用

在航空公司合作上，大数据企业在航空运行、安全预警、疲劳指数、产品优化等方面进行应用。

1. 航空运行，洞察全局

运行集中了飞机、机组等核心生产要素。运行点多、面广、线长，大到飞机、小到机组，每一个节点都蕴含重要的运行信息。航班运行极易因受到外界环境等不确定因素的干扰而影响全局。海云以实时运行数据为主，按照航班、飞机、机组、气象等 4 个维度、10 大类数据，统一展现业务场景，并对整个运行过程进行监控。针对主要的运行业务角色提供定制化的展示，辅助总值班经理、运行经理、机组管理人员、物流销售管理人员等众多用户进行业务决策。

2. 事实计算，安全预警

纵览全球各大型航空公司，平均基本运营约 500 架左右大型民航飞机在全球范围执行航班飞行任务，航班班次高峰时段达到每天近 3000 班，每天运输旅客达 30 万人次（单个航空公司），每天有 2 万名航空公司员工在空中上班。而海云大数据处理及可视化分析平台帮助航空公司运营处理每天全球 300 个机场（单个航空公司航班覆盖的机场，实际全球有上万个机场）的 1.2 万条气象报文、3 万条 ACARS（飞机通信寻址与报告系统）信息，300 万条 ADS-B（广播式自动相关监视）实时报文，以及航班动态、飞机轨迹、旅客信息、社交媒体等。通过这些实时数据完整地反映出整个航空公司将近 500 架飞机每个航班的运行状态，经过服务器端的实时计算，对气象、燃油、航路、旅客等关键安全因素进行预警，保障航班安全运行。

3. 制定“疲劳指数”，降低安全隐患

机组排班系统可视化分析覆盖所有飞行机组人员，通过有效组环排班，增加飞行小时利用率，在提高飞行小时的同时减少费用支出。建立运筹学优化模型，从局部优化延伸到全局优化，进行算法创新，制定疲劳指数，对疲劳状况从定性分析到定量计算，通过科学的计量方法，逐步完善和优化排班，并对飞行员的疲劳状况进行有效管理，既提高了机组的有效飞行时间，又可以减少机组疲劳引起的安全隐患。

4. 提取航后数据，优化航线，优化服务产品

“数据即价值”是大数据时代背景下营销竞争的法典。对现代企业来说，有效地利用数据意味着为客户提供更好的服务，意味着可以挖掘和抢占更大、更有价值的市场，意味着节约成本、高效运营。

通过可视化分析客户信息，结果显示，60% 的航空公司金卡客户的年龄为 40 岁和以下，这表明航空公司的产品和品牌必须走向年轻化、时尚化；京沪航线 50% 的旅

客是常旅客或大客户，他们的特点是周一、周二从上海出发到北京，周五回上海，购票特点是上海—北京买东航，北京—上海买国航或其他航，这表明应开发鼓励旅客购买同一航空公司回程机票的产品或来回联程产品；沪港航线以 3 ～ 4 人的女性小团体居多，估计是“太太购物团”。这需要航空公司开发适合她们的额外行李产品和其他增值产品。

下图为某案例的呈现效果。

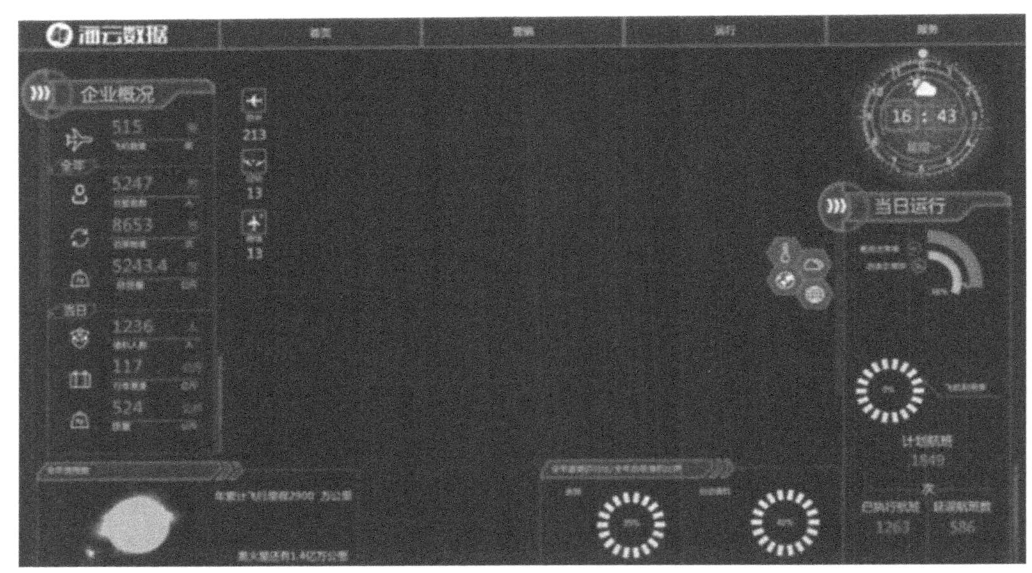

图 6–6 航空公司案例

机场的大数据实践

目前民航机场的航班动态信息传递、天气预警分析、机场停机位资源分配等主要是靠人工操作完成。海云的解决方案还帮助机场汇总了全国各机场的航班运行动态、天气、旅客人数等数据。使用者能够轻松掌握“航班信息查询、航班保障管控、机位预警管理、数据可视化分析和全国机场天气预警”等内容。机位分配员有更充裕的时间进行飞机停靠指挥及相关协调工作。机场对冰雪、大雾等极端天气的研判准确率和处置效率也得到了相应的提高。数据可视化分析的交互使用加速了机场信息的传递，影响着航班运行管控和各保障环节业务流程优化。针对来自机务、廊桥、清洁、油料、车队、旅客服务、航空公司、空管等多部门的信息，整合了机场监控系统、值机离港系统、安检系统、AOC 机位分配系统、空管地面监控、CDM（概念数据模型）系统等数据并进行可视化分析进而预测，提供资源预警等功能，达到辅助决策的作用。例如，航班延误后，海云能快速做出天气、机位的预警，由运管委迅速通报各保障部门做好应急处置相关工作，实现了与航空公司、空管部门的有效数据交换，适应了大型机场的管理模式和发展需求。

大数据处理平台让机场运行管理思维和管理模式发生了变化。

1. 航空公司签派运行监控、机场地面服务生产调度室集中指挥保障；

2. 空管场监雷达升级，机坪监管从看不到、看不全，到看得见、看得全、看得远，再到管得上、管得全、管得到；

3. 协同效应发生了根本性的变化，团队执行力提高；

4. 服务发生变化，大面积航班延误处置卓有成效，提升了机场整体运行水平。

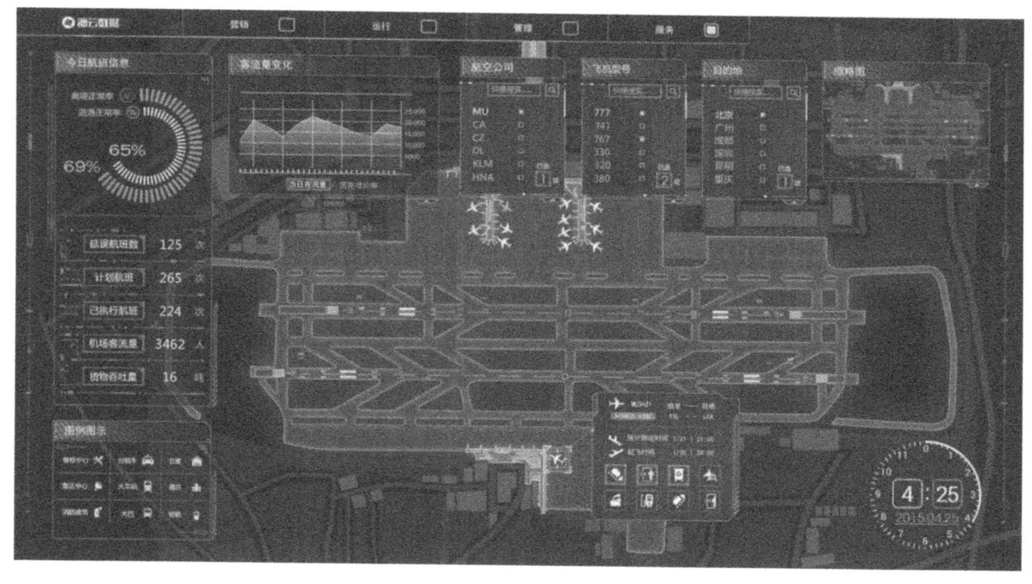

图 6-7　机场案例

海云始终致力于帮助航空、机场企业充分使用数据、理解数据，从而做出正确的判断和决策。因而了解行业知识，构建数据模型，并利用大数据可视化建立起技术数据与业务决策之间的桥梁就显得尤为重要。所以大数据企业要和具备深度行业知识的企业形成联盟，才能真正将大数据与行业高度结合，做出对行业极具价值的产品和服务。

企业大数据技术平台：提高营业收入与服务水平

陈思恩

首席数据官联盟专家组成员，科技谷（厦门）信息技术有限公司 CEO，管理学博士、统计学博士后、研究员，国家高级项目经理、高级工程师，美国注册项目管理师（PMP），厦门市第六批“双百计划”领军型创业人才。曾任美国 DataEra 大数据公司中国首席代表，在央企民航信息系统建设领域有近十年的工作经验，擅长挖掘民航、交通等行业大数据。

传统的“IOE”架构（是建立在 IBM 小型机 +Oracle 数据库 +EMC 存储设备上的数据处理架构）无疑给企业的 IT 成本带来了巨大的压力，而且随着数据量的激增，收效甚微。面对这样的问题，企业需要新一代的大数据解决方案和数据分析产品来提升他们的数据运营能力，利用数据发现新的业务价值。

企业大数据技术平台

企业的大数据平台存储企业数据仓库、关系型数据库、网络日志、点击流、社交网络等各类数据，需要有无限的存储空间、线性的拓展性能，才能使企业不再受制于数据增长的局限。同时，需要整套数据采集、整合、分析、检索以及可视化工具，企业可根据需求变化随时增加数据模型，发现、挖掘和提取新的商业价值，从而大大提高数据分析、创造价值的效率。

新一代的大数据解决方案具有如下特点：

一是与数据生态系统无缝整合。能与现有的 Oracle、SQLServer、DB2、MySQL 等数据库进行无缝整合。传统关系型数据库的数据可以作为数据源直接接入到集群参与计算分析，并支持多种可视化及报表生成工具，包括 tableau、SAP Business Objects、Oracle OBIEE 等，使得基于大数据分析的商业决策更易被理解和接受，从而将大数据的潜在价值最大化。

二是强大的数据分析能力。采用分布式内存计算引擎、交互 SQL 方式，使实时和交互式分析成为可能。支持 R 分析引擎，包含了与 Hadoop 平台的无缝衔接及高度优化的专有图算法，可从大数据平台中高速分析关系网络等图数据。此外，还集成了大量的机器学习算法库，包含了聚类分析、分类算法、频度关联分析和推荐系统在内的常用机器学习算法。

三是完整的 SQL 支持。支持交互式 SQL 统计和 HiveQL、Impala、SPark SQL 等 SQL 引擎，对这些 SQL 语法进行扩展和对执行计划进行了大量优化。

四是超快的响应速度。实时的全数据快速检索、高效的分词算法、精准的搜索匹配，采用全文检索技术与 HBase 大数据存储及实时检索，快速检索出用户的基本信息及相关历史记录。

五是一站式的企业级解决方案。通过提供数据存储、分布式计算、数据分析挖掘以及数据可视化的整套支持，解决了企业从 GB 到 PB 级数据分析遇到的各类问题。

公共安全领域的大数据应用

近十年来，公共安全领域积累了庞大的数据、丰富的信息资源，但数据被单独存储在不同的数据仓库中，数据共享和综合利用还比较薄弱。随着公共安全综合管理平台的规划建设，公共安全领域对现有数据资源的共享应用产生了强烈的需求。

为此，我们需要通过对公共安全领域数据源内容和信息管理问题的深入分析和总结，运用当前最新的信息智能检索、数据整合处理、视频智能分析等技术构建以数据共享服务为核心的综合信息管理平台，为相关部门提供信息整合、共享、交换、研判与分析等完备的解决方案，以满足客户对数据资源的查询检索和分析需求，实现精确资源检索、按对象属性特征检索、档案式关联分析、地理位置分析、轨迹分析等功能。

交通领域的大数据应用

众所周知，城市机动车辆的不断增加使城市交通越来越繁忙。政府需要科学化的方法对过往车辆进行监控、疏导和管理，因此大部分城市都安装了数字监控设备，但设备所产生的海量图像和视频数据却给交通部门的信息化建设带来严峻的挑战。为了解决这一难题，科技谷面向城市道路交通、公共交通领域，通过集中管理交通数据、数据分析、智能研判、实时地图应用等功能，并结合导航、位置服务、智能公交等多种应用服务，实现信息整合、共享、可视化功能，为管理部门提高用数据调控交通的能力和对整体交通安全态势的管理能力，为出行者提供有效的出行参考。

在交通管理上，可针对监控摄像头、出租车上的GPS、地铁、公交等每年产生的百亿甚至上千亿条数据进行存储、处理、分析，实现交通监控与车流管理，进行实时的道路状况报告；在交通规划上，可从几百亿条数据中分析出全年交通流量的变化并得出规律，用于进一步的决策，如公交站点设置、出行线路规划等，获得并理解道路交通流量及事件的固定模式；在出行指南上，可通过摄像机获得的现场图和交通流量的统计给出实时道路状态，进行出行信息服务与引导。

民航领域的大数据应用

大数据和云计算作为一种新兴的IT实现方式，在深刻影响IT变革的同时，也为航空业带来了新的发展和机遇。据国际民航组织统计，至2020年，搭乘飞机出行的人数将是当前人数的3倍。民航的旅客信息量是非常庞大的，尽管航空公司目前有着存储大量旅客信息的数据库，但是这些数据只被用于支持特定的运营程序，并不会被用于商业智能的开发。而且，数据项目众多，存放和管理零乱，并未实现不同部门之间的数据共享。如何使这些看似杂乱无规律的数据产生商业与业务价值，正是民航企业提高营业收入与服务水平所面临的挑战。所以，只有通过对旅客的订票次数、订票人数、目的地等数据进行分析，才能寻找到高价值的旅客，从而进行下一步的开发计划。

民航大数据首先要实现旅客多渠道信息整合、身份识别、消费偏好分析，为航空旅游企业提供精准营销、个性化推荐服务，提高航空公司全网转化率，延长旅客生命周期，从而帮助提高航空旅游企业的核心竞争力。

首先是旅客洞察，记录与收集旅客的行为属性数据，刻画旅客 360 度全息视图；洞察旅客行为习惯，改进产品或服务；学习旅客消费偏好，制定个性化产品及产品组合策略；把握产品生命周期与旅客生命周期，精准营销，针对性处理。

其次是社会化媒体营销，对网络舆情进行监控，挖掘客户对品牌的反应，对旅客身份进行识别。包括群体分布（地理、年龄、性别、兴趣等）和影响力传播。

第三是为旅客定制行程图，通过大数据平台的支持，旅客只要登录航空公司网站，填好出发地、目的地、出发日期和人数、费用预算等信息，平台通过分析消费者以往消费行为，比如旅客的消费档次如何，生成分析报告，为游客提供个性化和高品质的旅行服务。

科技谷自成立以来，就把公共安全、智能交通、民航旅游这三个领域作为主要发展方向，因为它们不仅具有相关性，而且公众关注度也较高。基于当前的实力以及行业态势，科技谷选择把民航旅游作为重中之重来打造，并且希望自身能成为中国民航的 Palantir（一家硅谷的科技公司，拥有近 90 亿美元估值）。

精益物流：提高物流运作水平服务

李鹏

首席数据官联盟专家组成员，北京中烟信息技术有限公司副总经理，全国信息技术标准化技术委员会专家，IT 运维实验室行业专家，ISO20000 国际认证管理师，《IT 运维之道》作者，大数据与 IT 服务的研究与探索者，从事 IT 安全及运维管理工作近二十年。近年致力于提升中国本土企业 IT 治理水平，坚持倡导运用国际先进的 IT 服务管理理念，结合企业实际开展 IT 系统的安全及运维管理。

很多物流企业发展到一定规模时，其发展就会停滞不前。一个 AAA 级物流企业的业务增长速度如果不能明显地高于宏观经济的增长速度，那么它的发展就属于停滞不前。物流企业的发展停滞不前，原因是多方面的，但找到制约企业发展的瓶颈至关重要。关于瓶颈的判断，很多管理者可能会认为是市场的开拓不力、掌握货源的规模有限、场地租金和员工的成本增长过快、油价和过路费成本太高，等等。瓶颈，更多的是体现为企业的效率没有得到提高，无法获得竞争优势。究竟什么是物流企业的发展瓶颈，不同企业的具体情况不一。但找到企业发展瓶颈并转化瓶颈，是实施精益物流的关键所在。

什么是精益物流

精益物流是一套物流管理思想和管理操作方法，通过找出制约物流企业发展的瓶颈，并以突破瓶颈为解决问题的出发点，消除物流过程中一切浪费，进而实现对物流系统的不断优化和持续改善，以最合理的成本满足物流服务的需求。

对浪费的熟视无睹是物流组织过程中的普遍现象。例如等待的浪费（如车等货和货等车的成本浪费）过期库存商品占用仓储空间所造成的浪费、车辆闲置的浪费、不必要的搬运等无效工作的浪费、因分拣错误导致纠错的资源浪费，等等。精益物流的观点认为，找出物流过程中的浪费并消除浪费，才有可能使物流系统获得实质性的改善。精益物流主张对企业运作的全流程进行分析，找出物流过程中一切可能存在的浪费，并通过改善管理以消除浪费。

大数据影响精益物流

所谓大数据，就是需要新处理模式才能具有更强的决策力、洞察发现力和流程优化能力的海量、高增长率和多样化的信息资产。相对于传统的数据库应用，大数据分析具有数据量大、类型多、价值密度低、处理速度快等特点。大数据技术的战略意义不在于掌握庞大的数据信息，而在于对这些含有意义的数据进行专业化处理。如果把大数据比作一种产业，那么这种产业实现赢利的关键在于提高对数据的加工能力，通过“加工”实现数据的“增值”。

大数据在变革车货匹配、运输线路分析、销售预测与库存、设备修理预测、供应链协同管理等烟草精益物流管理方面发生着潜移默化的作用。

车货匹配：在烟草物流企业，有时大量的车辆在物流中心的停车场候着，甚至两三天不上货，资源非常浪费，于是催生了很多车货匹配的信息平台和 APP。通过运力池的大数据分析，公共运力的标准化和专业运力的个性化需求之间可以产生良好的匹配，同时结合企业信息系统也会全面整合和优化。基于大数据实现车货高效匹配，不仅能减少空驶带来的损耗，还能减少污染，是一举多得的好事情。大数据的应用能有效解决公共信息平台上没有货源或货源信息虚假的问题。

路线优化：在商业企业的物流配送中，路线优化对降低物流成本有重要意义。以某烟草物流企业利用大数据优化送货路线为例。企业配送人员不需要自己思考配送路径是否最优，其物流中心采用大数据系统可实时分析 10 万种可能路线，2 秒找出最佳路径。该企业通过大数据分析规定：卷烟配送车辆不能走严重拥堵路段，哪怕要绕更远的路，因为这将节省更多的时间或消耗更少的燃油。通过大数据分析，物流车辆行车路径被最优化定制，从而为减少配送车辆提供了可能。根据数据统计，该企业通过大数据优化运输线路，一年时间内节省了物流运输成本数百万元。

库存优化：互联网技术和商业模式的改变，可以实现从生产者直接到顾客的供应渠道的改变。这样的改变，从时间和空间两个维度都为物流业创造新价值奠定了很好的基础。借助大数据不断优化烟草库存结构和降低库存存储成本，运用大数据分析卷烟品类，系统会自动识别出哪些卷烟可以增加产量或购进量、哪些需要适当减少产量或购进量。同时，系统会自动根据以往的销售数据进行建模和分析，以此判断当前商品的安全库存，并及时给出预警，而不再是根据往年的销售情况来预测当前的库存状况，降低库存存货，从而提高生产销售与市场的精确匹配。过去是供给决定需求，今后越来越多地从需求开始倒推，按照需求的模式重新设计相应的供给点的安排。这就是大数据时代到来所产生的变革。

查找漏网之鱼：在烟草物流企业的仓储中心往往存储着一定数量的卷烟，这些卷烟可能由于标签的脱落、搬运中的滑落、系统处理逻辑等原因，造成被遗弃在仓库的某个角落之中长期无人问津。一般来说，烟草物流企业都是按照“先进先出”的原则进行货品的分拣和销售，如果存在数量不多且在库时间超长的，往往会成为“漏网之鱼”，结果导致发生过期变质或质量下降，造成一定的浪费。

而大数据则是清理“漏网之鱼”的利器。大数据分析可以对某品类的卷烟按入库时长进行统计与分析，从海量的数据中查找出哪些卷烟入库后从未出库，而且数量很少。物流企业可以通过定位跟踪等手段，及时查找并清理这些“漏网之鱼”，在及时清理销售的同时还能腾出更大的空间来存放其他卷烟，从而实现降本增效。

设备修理预测：烟草企业往往部署了大量的设备，如卷包机组、分拣设备以及相配套的动力设备、工控设备等，其设备的维护维修是一项繁重而艰巨的任务。某卷烟工业企业从 2014 年就开始使用预测性分析来检测自己的 10 套卷包机组，这样就能及时地进行防御性的修理。如果卷包机组在生产过程中停机会造成非常大的损失，消耗大量的人力、物力。所以，该企业以前每半年就会对卷包机组的零件进行定时更换。但这种方法不太有效，因为有的零件并没有什么毛病就被换掉了。通过监测卷包机组的各个部位，该企业如今只要更换需要更换的零件，从而节省了好几百万元。有一次，监测系统甚至帮助该企业发现了一台新卷包机组的一个零件有问题，因此免除了可能造成的困扰。

供应链协同管理：随着供应链变得越来越复杂，如何采用更好的工具迅速高效地发挥数据的最大价值？有效的供应链计划系统集成企业所有的计划和决策业务，包括需求预测、库存计划、资源配置、设备管理、渠道优化、生产作业计划、物料需求和采购计划等。这将彻底变革企业市场边界、业务组合、商业模式和运作模式等，并建立良好的供应商关系，实现双方信息的交互。良好的供应商关系是消除供应商与制造商之间不信任成本的关键。部署供应链管理系统，要将资源数据、交易数据、供应商数据、质量数据等存储并用于跟踪供应链在执行过程中的效率、成本，从而控制产品质量。烟草企业为保证生产过程的有序与匀速，达到最佳物料供应分解和生产订单的拆分，需要综合平衡订单、产能、调度、库存和成本间的关系，需要大量的数学模型、优化和模拟技术为复杂的生产和供应问题找到优化解决方案。

大数据等新信息技术将会深刻影响和改变人们的生活、工作方式，同时也会深刻影响人们的思维方式和管理方式。精益物流提倡应用一切可以应用的先进信息技术为提高物流运作水平服务。当前，在推进烟草行业精益物流工作的形势下，以客户需求为中心，挖掘消费者的行为习惯和喜好，在复杂多样的数据背后找到更符合他们兴趣和习惯的产品和服务，并对产品和服务进行针对性地调整和优化，严格控制成本并减少浪费，必然对烟草行业精益物流体系建设大有裨益。

数据画像：数据融合与数据打通

程杰

首席数据官联盟专家组成员，北京高科数聚技术有限公司创始人兼 CEO。毕业于美国密歇根大学，获得博士学位，研究方向为人工智能与数据挖掘，专注于消费者大数据研究、技术、分析以及企业应用。曾任职美国大数据公司 ACXIOM 和 ADARA 公司的首席数据官。多年来，在国际上为财富 500 强企业进行有关大数据战略和量化决策应用的咨询和培训，覆盖汽车交通、金融保险、零售电商、快速消费品、科技教育和媒体出版等行业。多次受邀参加中美有关大数据价值挖掘及企业应用领域的峰会论坛，为业界企业分享和探索最新的大数据技术产品与应用案例。

近年来，中国大数据产业的迅猛发展、营销决策对数据的兴趣和应用需求，以及消费者产品、服务行业在进入市场饱和阶段后的产销不平衡的挑战。尽管很多大数据公司应运而生，但是大数据应用方面的经验缺乏、大数据联结合作的不够充分，大数据分析能力和资源的供不应求，都使得大数据产业的发展受到阻碍。

国内“数据连接”的困难

大数据时代为数据的大规模应用创造了前所未有的机会，但也使得数据连接方面的挑战显得尤为突出和重要。主要原因有以下几点。

（1）数据连接的需求是随着政企单位使用数据的目标和模式逐渐进化的。以前的数据连接往往局限于企事业的部门，满足各部门的业务需求就可以了。然而现在越来越多的企业看到和提出了跨部门的数据整合。当然，很多企业并不具备这方面的技术能力、组织架构、信息管理、企业文化和人力资源，数据连接就变成了企业 IT 普遍面临的一个新挑战。

（2）新的数据能源迅速增长。以前不开放的数据现在开放了、以前从不采集的数据现在开始规模化地采集了、以前不流通的网站和 APP 数据现在可以获取了。更重要的是，以前不曾有过的电商平台或共享经济服务现在也大量涌现了。这些数据源往往是单一类型居多，而且分布于各个企业单位或政府部门。

（3）国内较大体量的一些企业数据源往往是关闭式运营的，数据只进不出。这些数据源的数据类型丰富，匹配键充足，有较强的连接数据源的能力。然而他们的数据的关闭式运营使得异源数据的连接得不到有力的支撑。

（4）一些专注于数据连接的公司在数据匹配键的类型、数量和技术方面还远远不能满足大量数据源匹配的需求。此外，有关数据连接交易流通的市场和法规还不健全。很多的数据连接只能在小范围或特定的场合进行。

反观国外的公司，就有很多成功的案例。

例如，ACXIOM 和 ADARA 公司的主要产品方向和技术能力就是通过一系列标准化、自动化和产品化的方案研发，来大规模、高效率地解决数据跨部门、跨企业、跨媒体、跨设备连接的难题，从而对客户或消费者形成较全面的洞察，成倍地提高向客户进行交互式个性化广告营销的能力和 ROI。

尽管目标是一致的，但 ACXIOM 和 ADARA 公司的商业运营模式却大相径庭。ACXIOM 是著名的全球消费者信息和应用服务公司，宗旨是提供以消费者为核心的数据连接方案，其主要客户都是世界财富 500 强的顶尖公司。ACXIOM 的产品是基于独立采集、购买或通过合作获取的有关消费者的第三方数据，如人文、地域、收入、生活兴趣、生活方式、购买交易等。

ACXIOM 在美国成功地连接了几百家公司所拥有的有关消费者的第三方数据，帮助以线下业务为主线的企业实现一系列的客户精准营销、关系管理和市场智能方面的能力。其具体内容包括以下几点。

（1）建立对顾客的标准一致的识辨信息（ID）纬度、质量管理、更新机制、匹配连接和数据安全隐私保密的一系列流程，如客户的实名地址、电话号码、E-mail 地址、cookie、设备号、各种业务账号等。在这方面的挑战往往是信息的增减变更，例如由于成人独立、结婚离婚、搬家或调换工作。

（2）把顾客的信息整合到家庭（householding）。尽管购买交易和账号登记用的都是个人名义，但真正的消费和决定购买的人却很可能是另一个家庭成员，譬如说是一个未成年的孩子。知道了顾客的家庭以及把同一家庭的多个个人账号连接在一起就能知道家庭单位上的自然需求、兴趣爱好和支付能力。

（3）通过个人识辨信息的连接来全面打通企业内部所有客户的账户数据，聚合有通用参考价值的行为字段，并通过外部数据的加强来实现对顾客的 360° 全面观察和了解。

（4）在充分连接的数据基础上进行标签画像、差异分析、模型打分和人群细分，形成对客户群描述、诊断、预测、优化决策的能力。

（5）动态连接线下和线上行为、官网和外网、客户关系数据仓库、DMP 和 DSP 数据，以实现跨媒体、跨渠道、跨场景的综合性精准营销。

（6）连接所有的广告触达数据、顾客的响应和交易数据，并通过匿名或其他的脱敏方式，让企业可以对线上的广告活动、所有的互动交流和产品的价格优惠等进行归因分析，继而建立或改善预测模型，优化对媒体渠道的广告投放、推荐引擎的规则计算和产品的捆绑销售或价格优惠。

一个美国的大型百货店对上百万名的线下购买客户进行了精细的价值和行为细分，通过 ACXIOM 的服务把这些细分组的人群和所有的线上或移动设备受众人群进行匹配，从而使线下人群的人文地理、会员历史和交易价值数据与线上人群的浏览搜寻、媒体使用数据得到充分连接，达到了线上线下跨渠道跨媒体的全面精准营销，并且可以在活动后有效跟踪测度广告推荐对店里购买的影响效果。

和 ACXIOM 不同，ADARA 专注于旅游行业的数据和广告服务。ADARA 的特点是通过数据合作收入共享的模式，来获取和整合旅游业的大型服务公司的关于旅行者的第一方线上动态行为数据，如大型航空公司、国际酒店、OTA 或租车公司的线上搜寻和订票订房数据。在这种合作框架下，ADARA 可以实时从这些旅行服务公司的网站或手机 APP 获取数据，并在只使用匿名信息的基础上把来自各个数据源的有关消费者的信息实时连接打通。

例如消费者在一家航空公司的官网上搜寻了机票以后，ADARA 就可以帮助酒店、租车公司、旅游目标地、信用卡公司等进行相关性极强的精准广告营销。飞机订票搜寻的数据可以使酒店的广告提供目的地的照片、相关时间的价格优惠，以及和游客支付能力相符合的酒店选择。从发送广告得到的收入除了支付广告媒体的费用外，还会在 ADARA 和数据合作公司之间分享。

国内大数据精准营销服务与美国的差距与不足

与美国相比，国内在大数据精准营销方面的发展极为迅速，有些还比美国先进。但确实还有很多可以改进的空间。最主要的是在大数据的合规合法使用、安全保障、隐私保护和商业保密。美国在这方面也有过混沌时期，但现在的法规比较健全了。行业一方面经常通过政府说客影响和纠正过分的应用限制；另一方面也通过行业协会的约定和企业的内部自律来防止数据的不合法合规的应用。

其二是美国数据市场的规范化和政府数据开放的常态化。这也是美国多年努力的结果，使数据从政府部门的保险柜里流入了信息市场。数据的市场流通和运作也使数据作为一个产品或服务的价值得到了比较好的价值认可和价格的透明度。

其三是美国企业数据的各种联盟合作使得数据的应用场景和价值成倍增长。越来越多的企业对使用联盟的数据感兴趣，也有越来越多的企业愿意为联盟提供数据以作为价值交换或实现高利润收入。

其四是在美国，在多个媒体和渠道营销的曝光、响应、转换数据通常可以收集、匹配连接在一起。后期通过脱敏处理后可以进行归因分析和洞察建模。

其五是精准的各种层次，如个人、家庭、小区、县区等。美国在各个层面都有足够的数据，可以按照场景、规则、成本、广告应用需要的覆盖面和精准度来决定最好的数据层次。例如，在很多场景下，家庭的数据（如家庭人数、婚姻状态、孩子年纪、生活方式等）要比个人的数据更有效。

国内大数据精准营销行业的发展趋势

和美国的进展一样，国内的大数据发展会促进精准营销的成熟，而精准营销的成长同时也会对大数据提出更多更新的需求。我们可以看到以下几个重要的趋势：

（1）关于大数据应用的法律政策走向成熟稳定；

(2) 地方政府数据逐渐整合和开放个人、企业、人口和经济统计数据；

(3) 更多的企业愿意参加并为大数据联盟贡献自己的数据；

(4) 加速应用模型分析、AB 测试、机器学习和决策优化；

(5) 注重应用垂直行业的知识经验来提升营销效率；

(6) 智能场景营销成为最火的大数据精准营销的创新领域。

附 录

大数据与数字经济

2016 年的 G20 杭州峰会上，世界经济“正处于新旧增长动能转换的关键时期”“上一轮科技和产业革命提供的动能面临消退，新一轮增长动能尚在孕育”，这些判断引起了与会各国的强烈共鸣。而作为“中国方案”里的重要内容，《二十国集团数字经济发展与合作倡议》的出炉，让数字经济成为与会各国创新增长方式、注入经济新动力的共识。

数字经济是指以使用数字化的知识和信息作为关键生产要素，以现代信息网络作为重要载体，以信息通信技术的有效使用作为效率提升和经济结构优化的重要推动力的一系列经济活动。互联网、云计算、大数据、物联网、金融科技与其他新的数字技术应用于信息的采集、存储、分析和共享过程中，改变了社会互动方式。数字化、网络化、智能化的信息通信技术使现代经济活动更加灵活、敏捷、智慧。

可以看出，数字经济的核心是大数据。有统计显示，未来几年，数字经济在全球经济的占比将达到 22.5%。到 2020 年，将产生超过 44ZB（1ZB 相当于 10 万亿亿字节）的数据。数字时代，数据是重要的原材料和生产要素。面对如此庞大的资源，不少国家纷纷开始了一轮新“淘金热”。德国发布“数字战略 2025”，“明确了德国制造转型和构建未来数字社会的思路”；英国出台《数字经济战略（2015—2018）》，旨在建设数字化强国；日本提出建设“超智能社会”，最大限度将网络空间与现实空间融合。

未来的竞争是效率的竞争，是最先到达并满足顾客的速度竞争。通过效率提升获取在顾客心目中建立“第一”的品牌先机。通过效率提升领先创新产品和服务，从而掌握控制目标市场。效率的提升将降低商业风险，筑起竞争壁垒。而未来效率提升的关键则是大数据的分析利用。不管是对市场需求变化的感知、创新产品与服务，还是提升生产、产品流通、客户服务的效率，都可以通过数据驱动的产品服务创新、流程创新、商业模式创新而实现。

数字经济时代，传统产品决策的办法是通过委托调研公司进行市场抽样调查，存在着成本高、响应速度慢于市场变化，并且样本数量有限，难以反映市场真正的趋势。而在大数据环境下，通过对人们的浏览习惯，使用者的性别、年龄、职业和上网习惯等进行详细分析，从而进行产品决策将更准更快。以消费类产品来说，产品与时代潮流相符，市场瞬息万变，等到某类产品流行了再做产品研发及变更都会使企业丧失先机。而通过大数据提前准确预测未来产品的趋势，就能使企业获得竞争优势。

数字经济时代，大数据的整合运用将使企业的“及时制”生产、大规模“私人定制”生产成为可能。及时制强调就是“把必要的东西，在必要的时候，能准备好必要的数量”的状态，这只有通过大数据的即时深度的分析才能得以实现。通过数据驱动的生产大幅度地提高了厂商的生产效率，极大地节约了人力、空间、工具、时间和总成本，增强企业的反应速度和生产弹性。

数字经济时代，应用大数据实现精准营销，帮助企业及时进行整合品牌传播，将在第一时间内让产品走上终端与顾客见面，及时应对顾客问题，及时达到顾客满意。

数字经济时代，当企业的学习速度低于社会平均学习速度或竞争对手的学习速度时，企业可能要面临灭顶之灾。通过大数据技术由依靠内部资源到整合社会资源，达到内部优势资源与外部优势资源的互补与共赢，缩短获取新知识的时间，创造速度竞争优势。通过企业内部大数据学习平台实现随时随地按需学习，并能在应用中完成对知识的自动升级更新。

数字经济的背后，凸显的是发展理念的创新，是技术的进步，也是思维方式、商业模式、消费模式的革新。而这些变化不会一蹴而就，也不会一帆风顺。近年来，中国创新让世界瞩目。但与此同时，数据的互联互通依然是数字经济发展的瓶颈，行业之间、地区之间的数据壁垒造成的体制机制障碍，与移动互联时代格格不入。个人信息在网络上面临泄露风险，信息安全面临严峻考验。国家间的数字鸿沟不断拉大，中国数字经济占比只有世界平均水平的 50% 左右……可见，数字经济擘画了中国经济增长发展的新图景，也带来了从技术层面到制度层面的新挑战。

大数据与区块链

区块链在发展过程中是一个可信任的载体，整个过程是可以防伪的，整个数据通过加密的方式保证它交易来源的可靠。它通过程序系统、算法建立起来一整套的信任机制。在这个基础上，流通的所有数据，数据的确权、数据资源变成数据资产有一个支撑的技术。这样一项技术建立起来的是点对点的方式，能很好破解数据流通难的问题，加速大数据应用深化。

同时，随着区块链应用的深入，区块链上的数据越来越多，对数据处理能力要求将越来越高。大数据相关技术正好可以弥补区块链这方面的不足，比如各节点也采用分布式或并行计算的架构，将可以大大提升计算与数据存取效率，拓宽区块链的应用场景。

区块链让敏感数据实现更安全数据存储

区块链技术，通过网络中所有节点共同参与计算，互相验证其信息的真伪以达成全网共识。可以说区块链技术是一种特定数据库技术。基于全网共识为基础的区块链数据是不可篡改的、全历史的，也使数据的质量获得前所未有的强信任背书。区块链将是诸如身份信息、交易信息等敏感数据行之有效的存储介质。

区块链将加速数据流通

对于个人或机构有价值的数据资产，可以利用区块链对其进行注册，交易记录是全网认可的、透明的、可追溯的，明确了大数据资产来源、所有权、使用权和流通路径，对数据资产交易具有很大价值。一方面，区块链能够破除中介拷贝数据威胁，有利于建立可信任的数据资产交易环境。基于去中心化的区块链，能够破除中介中心拷贝数据的威胁，保障数据拥有者的合法权益；另一方面，区块链提供了可追溯路径，能有效破解数据确权难题。另外，当人们对某个区块的“值”有疑问时，可方便地回溯历史交易记录进而判别该值是否正确，识别出该值是否已被篡改或记录有误。

金融行业的引领发展

大数据加区块链在银行征信领域将大有所为。目前，各家银行将每个借款主体的还款情况上传至央行的征信中心，需要查询时，在客户授权的前提下，再从央行征信中心下载参考。这其中存在信息不完整、数据不准确、使用效率低、使用成本高等问题。而应用区块链加大数据技术后，依靠程序算法自动记录海量信息，并存储在区块链网络的每个节点上，信息透明、篡改难度高、使用成本低。各商业银行以加密的形式存储并共享客户在本机构的信用状况，客户申请贷款时不必再到央行申请查询征信，贷款机构通过调取区块链的相应信息数据即可完成全部征信工作。

医疗行业的数据变革

医疗行业是数据价值巨大但利用率极低的行业，核心原因在于数据割据。大多数医院的数据都不开放，阻碍了数据共享流通，同时也限制了各个医生与同事之间信息的传播。同时，医疗数据还存在严重的质量和安全问题，现有的医疗数据是不可靠的。例如同一个病人有多种不同版本的病历，里面的数据大量不吻合，而接手的医生又恰巧没有仔细核对。如此一来，病人很可能遭受误诊，还有各种随之而来的心理、生理、经济损失等问题。大数据和区块链与医疗行业进行整合，能够为医疗行业建立一个可靠的统一数据库，每一个人都可以信任。这些数据通过透明的方式被共享，这样就会生成仅有的一个统一的并且每个人都相信的日志。而且因为在区块链技术中，没有人有权管理全部数据，而同时，所有参与者都有责任维护信息安全，这能大大降低医疗卫生行业误诊或者恶意修改数据的行为。数据的充分共享将会产生更多更有意义的应用。

物联网的最优解决方案

毋庸置疑，物联网产业正处于快速发展的阶段。有数据显示，在未来 4 年物联网的设备数量将会超过 250 亿。从小型传感器到大型家电都可以加入到物联网。大数据已经是物联网密不可分的基础组成部分，但是仅仅整合了大数据的物联网依然会面临两个重大的挑战：设备安全和用户数据隐私。在去中心化物联网中，区块链将会用于促进交易处理和交互设备间的协调。我们可以大胆地推测，大数据和区块链的结合将是物联网的最佳解决方案。

区块链加大数据落地能源互联网

区块链加大数据将从以下几个方面解决能源互联网面临的问题：

1. 从精确计量升级到可信计量。数据布置在区块链上，确保不可篡改、不可抵赖，公私钥结合的非对称加密保护隐私。

2. 从泛在交互升级到可信交互。通过区块链构建能源互联网交互主体之间低成本的信任传递，进而实现基于信任的各主体之间的互操作。

3. 从自动控制升级到智能控制。将区块链与大数据技术和人工智能技术结合，设计可信任的预言机制对外部数据签发信任，然后输入智能合约条款，执行逻辑过程，产生可信任的本地指令，在本地完成应对随机外部环境变化的控制过程。

区块链是一种应用级别技术。以电力为例，能源区块链的应用场景和商业模式从电力产生到使用环节都可进行设计。例如：

1. 能源微网：分布式光伏发电的电压等级比较低，无法远距离传输。通过区块链可以实现点对点的用户和发电者之间的电力交易。

2. 线损公证：不同能源之间转换的损耗、能源远距离传输和其他的运行带来的线损，目前都是由电网公司单方面决定。但是，未来这些都可以通过区块链进行公证。

3. 调度决策：未来电力调度的客体中有许多分布式能源以及众多智慧用电负荷，比如智能电动汽车、智能家居等。整个电网可以通过区块链生成本地的指令和信号并执行调度。

4. 储电分享授权：未来的储能是基于分享经济的储能。单个企业购买储能的利用率非常低。所以应用区块链技术，周边的用户都可以通过使用权的分享调用在某用户名下的储能设施，然后支付基于储能的收益，支付使用费给储能的所有者。

www.ingramcontent.com/pod-product-compliance
Ingram Content Group UK Ltd.
Pitfield, Milton Keynes, MK11 3LW, UK
UKHW062314290726
14090UKWH00018B/1057

9 787115 459480